VUCA 时代的战略制订与应用

从战略到执行

北京时代华文书局

图书在版编目（CIP）数据

从战略到执行 / 逄增钢，汤晶淇著 . -- 北京：北京时代华文书局，2021.9
ISBN 978-7-5699-4310-8

Ⅰ . ①从… Ⅱ . ①逄… ②汤… Ⅲ . ①企业战略－战略管理－研究 Ⅳ . ① F272.1

中国版本图书馆 CIP 数据核字（2021）第 152003 号

从 战 略 到 执 行
cong zhanlüe dao zhixing

著　　者	逄增钢　汤晶淇
出 版 人	陈　涛
策划编辑	高　磊　邢　楠
责任编辑	邢　楠
责任校对	张彦翔
装帧设计	程　慧　段文辉
责任印制	訾　敬

出版发行	北京时代华文书局 http://www.bjsdsj.com.cn
	北京市东城区安定门外大街 138 号皇城国际大厦 A 座 8 楼
	邮编：100011　电话：010 - 64267120　64267397
印　　刷	三河市嘉科万达彩色印刷有限公司　　电话：0316-3156777
	（如发现印装质量问题，请与印刷厂联系调换）
开　　本	710mm×1000mm　1/16　　印　张	14.5　　字　数	181 千字
版　　次	2021 年 11 月第 1 版　　印　次	2021 年 11 月第 1 次印刷
书　　号	ISBN 978-7-5699-4310-8
定　　价	49.80 元

版权所有，侵权必究

专家推荐

欣闻逄老师的《从战略到执行》一书即将出版，这是一本很实用的从战略到执行的工具书，有大量的实践案例，相信所有的企业经营者都会从中受益。

——孙坚（如家酒店集团董事长兼CEO）

企业从小到大，需要关注商业模式与战略一致性，战略与执行的一致性以及企业文化与人才一致性等，而企业到了一定阶段，一致性又成了转型发展的桎梏需要打破，百年企业的发展就是这样循环往复的过程。逄增钢老师是少有的持续关注企业一致性的人。他的《从战略到执行》一书，可以帮助我们在VUCA时代快速解决战略执行的一致性问题。建设有中国特色的企业特别是国有企业，更要平衡公司治理与保护企业家精神一致性问题，还要深入思考党组织解决问题的领导力和党支部执行战略任务的战斗力以及各级干部承担相应责任的执行力之间的一致性，此书包含的一致性原则亦可作为建立有中国特色的现代企业制度中的重要考量。

——周忠科（中共国家能源集团党校常务副校长）

讲战略的书很多，往往让人读完感觉受益匪浅却不知如何执行，这本书将战略与执行落地紧密地联系起来，帮助组织找到推动变革的方法和流程，是战略类书籍中的精品，适合组织中各个层级的管理人员阅读。

——单增亮（悉地国际建筑设计公司集团董事长）

逄老师与红日药业在战略、组织和人才盘点领域合作多年，给我们提供了很多帮助。很高兴看到《从战略到执行》一书的出版，这本书描述战略的底层理念，不同业务形态下的战略管理流程，战略执行规划的方法和步骤，既有理论高度又有实践案例，非常实用，期望更多的管理者从中获益。

——陈瑞强（红日药业集团公司副总裁）

超凡知识产权服务股份有限公司是国内领先的一站式知识产权解决方案专业提供商。逄老师是与超凡常年合作的战略与组织方面的专家，给我们提供全方面的咨询支持。非常高兴看到《从战略到执行》一书的出版。它帮助管理者全面地建立从战略到执行的框架，让管理者可以按图索骥地开展组织的战略落地工作。这本书不仅给出了很多方法，还破解了很多战略管理的疑惑，是一本十分适合企业管理者阅读的好书。

——母洪（超凡知识产权服务股份有限公司董事长）

《从战略到执行》可以作为创业者的工具书使用。它系统地展示了从战略选择到执行设计的每个环节，可以帮助创业者快速地理解企业运营的每个环节，并选择正确的方法指导自己的经营行为。

——余佳（UniCareer创始人、CEO）

如果只能选择一本关于战略的书阅读，我觉得这本书可以是一个很好的选择。因为它梳理了世界范围内几乎所有有价值的战略管理大师的观点以及重要的工具，并给出了使用方法和建议，是一本全面的战略执行工具书。

——崔建中（顾问式销售的实战派资深专家）

从战略制订到执行落地，达到最终的绩效结果是一个漫长的链条。链条的每一个环节都至关重要。逄增钢在这本书中深入浅出地阐述了战略从制订到执行的每一个环节的要点，又都辅以简单实用的落地工具，非常适合企业管理者阅读和使用。

——田俊国（用友软件股份有限公司前副总裁，用友大学校长）

逄增钢老师在战略与组织领域研究多年，有非常深厚的理论功底和完整的思维逻辑体系，结合大量的实践经验，经过长期的积累，终于出版了《从战略到执行》这本著作。该书从实战出发，给出大量工具方法，非常实用，相信对企业管理者和咨询从业者一定会有极大帮助。

——夏凯（销售罗盘创始人、大客户销售实战专家）

管理者的核心责任就是思考到底什么样的战略管理流程和绩效管理模式，才能让企业可以和难以预测的环境系统从容共舞。战略不仅仅是要提出愿景和目标,更重要的是将战略与企业员工的日常行为有机地连接起来。企业的战略管理不仅是如何选择制订一个好的方向,更重要的是组织需要锻造出可以及时调整战略与执行的能力。《从战略到执行》这本书对这些挑战给出了很好的方法与工具。

——莫皓(绩效改进专家)

自 序

为什么写这本书?

在我从事咨询工作的过程中,很多客户和学员都让我推荐学习战略管理的书籍,我总是欣然推荐很多我认为十分卓越的著作。然而他们仍然问我有没有一本书,可以免去翻阅浩瀚典籍的辛苦,且足够明确地告诉他们从战略到管理到底应该怎么做。于是我萌生了写一本从应用实践出发的战略管理工具书的念头。

2020年初突如其来的一场疫情,让我的工作按下了暂停键,我终于有时间将我的总结和思考写下来。《从战略到执行》这本书系统梳理了世界范围内主要的战略大师关于组织战略的各方面观点和工具,并提出了每个工具的应用场景。

我们经常被这样一些问题所困扰:

从战略到执行是个什么样的过程?不同的企业处于不同阶段,应该采取什么样的战略和执行流程?

众多战略设计与执行设计工具应该如何选择和应用?

VUCA(即不稳定volatile、不确定uncertain、复杂complex、模

糊ambiguous）时代究竟还是否需要制订战略？实践究竟是可以被预测和计划的，还是只能在实践中形成？

战略设计中定位重要还是能力重要？二者如何平衡？

诸如此类的种种问题，都将在此书中得以解答。

这本书写了什么？

本书是企业中高层管理者、战略领域管理者以及第三方咨询顾问的贴身工具书。本书详细地梳理了战略的主要框架、主要的战略管理思想、从战略制订到战略执行的主要流程和工具，并论述了各种战略与执行工具的底层原理和设计思想、应用场景，不同工具的逻辑关系，每个工具的使用要点。本书的主要内容围绕以下四个方面展开。

第一个方面，关于战略的认知和基本思想。关于战略的基本思想的介绍围绕着三个方面的主题内容展开：一是能力重要还是定位重要的理论争议；一是关于战略的计划与手艺化的理论争议；还有一个是围绕着战略的内部政治、文化特征展开的。本书基于战略应用的实践，对每一种观点的应用情景和优劣势进行了分析与讨论，试图帮助读者建立完整的战略观，呈现战略概念的全局风貌。

第二个方面，关于战略与执行的流程选择。本书基于组织可控性和行业可预测性两个维度，定义了四种战略制订与执行流程，分别是经典参与式、经典自主式、实践参与式和实践自主式战略与执行流程。不同的战略原型其战略制订流程存在差异，主导式强调以我为主制订战略，强调如何实现组织的战略意图，强调核心部分力建设；参与式强调对环境的适应性，强调迎合环境去制订战略。不同的战略原型其执行流程也有区别，经典型强调输出控制，实践型强调行动控制。企业可以在指标控制、行动控制和项目管理等执行管理模式中匹配适合组织的执行流程。企业也可以基于以上四种经典流程，组合新的战略制订与执行流程。

第三个方面，关于战略制订的流程、工具与方法论。本书以经典参与式战略为原型，详细展开并介绍了战略的制订流程。笔者结合多年的实践经验，提出一些新的思考框架，针对投资与业务组合问题，建议用GE／波士顿矩阵处理没有关系的业务与产品组合的决策，用母合优势理论处理不同业务的匹配与联系的决策，用产品结合理论解决产品的组合设计问题。

第四个方面，关于执行系统的规划。本书以经典参与式战略为原型，系统介绍了战略执行设计的组成、执行设计的流程和方法。这部分有两个重点：一个是在执行设计时关于输出控制和行动控制的使用情境和选择问题；一个是组织设计的原理、方法和三支柱模型，以及如何基于组织能力三支柱模型展开执行设计。在执行管理部分分别介绍了绩效控制系统、行动控制系统、正式组织设计、人才梯队、企业文化对执行的影响，以及如何协调这五个方面确保战略的执行力。

这本书怎么用？

本书的应用场景主要有两个：一个是为企业组织各类战略研讨

会、企业战略制订与执行设计、战略解码会议提供工具和流程指南；另一个是为想系统地学习有关战略与执行的流程、知识和相关工具的人员提供支持。

最后，祝愿所有阅读本书的人都能有所收获。让我们在战略管理实践中共勉。

逄增钢

目录

第一部分　VUCA时代的战略管理

第一章　战略管理的过去与将来 / 002
快速迭代是新时代战略管理的基调 / 003
构建适宜的战略管理系统 / 005

第二章　好战略与坏战略 / 008
什么是好战略？ / 008
什么是坏战略？ / 011
为什么制订好战略很困难？ / 015

第三章　定位与能力的平衡 / 019
战略管理思想的主要争议 / 019
定位与能力的均衡 / 022
树立正确的增长和发展观 / 025

第四章　战略管理流程　/ 029

　　企业战略类型分类　/ 031

　　经典参与式战略　/ 034

　　经典自主式战略　/ 036

　　实践自主式战略　/ 037

　　实践参与式战略　/ 039

　　三种基本战略管理流程　/ 040

第二部分　组织战略的构建

第五章　环境洞察与分析　/ 048

　　环境信息的采集　/ 051

　　趋势分析与整理　/ 053

　　竞争优势与劣势分析　/ 057

　　机会匹配与筛选　/ 059

第六章　管理业务组合与生态　/ 062

　　管理独立业务组合　/ 063

　　管理关联业务组合　/ 075

　　管理产品组合　/ 078

第七章　商业设计与创新　/ 085

　　战略制订的核心是创新焦点　/ 085

　　　　商业模式创新是最根本的商业创新 / 088

　　　　商业模式创新要素设计与实践 / 091

　　　　商业设计的整体领先性评估 / 106

　第八章　组织愿景与目标 / 111

　　　　企业的愿景引领性 / 111

　　　　战略目标制订与实施 / 113

第三部分　组织战略执行

　第九章　执行设计基本原理 / 118

　　　　组织运行的"三过程"理论 / 119

　　　　有机化执行设计是执行力的保障 / 124

　　　　有机化的组织能力模型 / 128

　第十章　绩效指标与关键任务 / 131

　　　　输出控制与行动控制的功能与区别 / 131

　　　　绩效指标的识别与策划 / 134

　　　　战略行动的识别与策划 / 144

　第十一章　组织结构与运营设计 / 156

　　　　组织结构规划与设计 / 157

　　　　运营机制规划与设计 / 174

　　　　绩效评估与激励规划设计 / 176

第十二章　关键能力与关键人才 / 182
　　　　　　业务驱动的人力管理模式和思维 / 183
　　　　　　关键岗位识别与人才决策 / 187
　　　　　　高潜人才识别培养与人才梯队建设 / 195

第十三章　文化与非正式组织 / 201
　　　　　　认知企业文化的内涵及作用 / 202
　　　　　　评估企业文化与战略契合性 / 205
　　　　　　推动文化变革关键举措 / 207

参考文献 / 216

第一部分

VUCA时代的
战略管理

第一章
战略管理的过去与将来

2020年春季，一场突如其来的新型冠状病毒肆虐世界绝大部分国家，成为全球大流行的瘟疫。美国股市在10天之内4次熔断，世界原油价格单日跌幅超过20%，骇人听闻的是原油期货到期交易价格居然跌到负值，本来还算平稳发展的全球经济转眼之间进入"衰退"。所有这一切变化速度之快，令人瞠目结舌。

我们处于一个前所未有的时代，人类从来没有像今天这样紧密地联系在一起。全球供应链将世界编织成一个整体，互联网技术使信息实时传播，世界经济前所未有地形成了共振。审视我们所处的环境，随时都可能有出乎意料的大事情发生：一次技术变革、一项重大发明，甚至在地球另一端的某个国家更换了领导人。而每一个大事件都有可能给我们的生活带来翻天覆地的影响。即使足不出户，每天都可能有一只"黑天鹅"落在我们的头顶。

我们总喜欢绘制一个地图，做5年、10年的规划。然后，我们总是相信，按照地图的指引，总能够到达理想的彼岸。

快速迭代是新时代战略管理的基调

在VUCA时代以及未来,"黑天鹅"与"灰犀牛"事件频发,世界似乎变得难以预测。很多管理者都在思考,在这样的时代,战略规划与管理还有意义吗?

我们现在的社会就像一个正处在高速建设时期的新城区。昨天还很熟悉的街道可能一夜之间就变了模样,熟悉的道路已经被新的高速路取代。我们手中的地图已经失去了意义。虽然地图在改变,道路在更新,但是,只要我们还记着自己的目的地,总是能抵达我们想去的远方。战略就是我们心中那个目的地,无论道路如何变化,我们都需要知道自己要去往何方。

然而在VUCA时代,老式的地图已经不管用了。组织需要一种新的视角来看待未来与机遇,用可以快速更新的"电子地图"来指导我们前进。在不确定的经济环境里面,企业对战略管理的要求不是降低了,而是提高了。我们需要的不再是老旧的地图,而是不断迭代的GPS地图。

无论处在哪种行业,"快"正成为一切组织战略管理的基调。越是在这样的情况下,组织越需要掌握一种方法和流程,以快速地对战略与执行进行调整,来应对环境的变化。因为几乎没有人能够预测社会发展的所有趋势,而市场机遇转瞬即逝,唯一能够判断预测是否准确的方法就是"行动"。当我们洞察到市场的某种变化,就需要组织快速地采取行动去验证。即便失败了,也可以成为一次有益的尝试,换取对未来趋势更为清晰的判断,从而在竞争中获得先机。

阿里巴巴建立了一套敏捷的战略管理流程,可以快速地验证战略的有效性，形成战略与执行的高效闭环。2011年，阿里内部对未来产业的预测难以形成统一的意见，大家不知道未来的电子商务到底应该是B2C（直接面向消费者销售产品和服务商业零售模式，以京东为代表）、C2C（个人与个人之间的电子商务，以淘宝为代表），还是一个搜索引擎指向无数分散的垂直电子商务网站（例如，百度把流量指向很多企业直营官网和小型购物网站）。

大家争执不休，同时又担心错过市场的窗口期。这时阿里做了一个大胆的决策：把淘宝拆分成淘宝、天猫和一淘，形成三个独立的团队，让他们按照自己的逻辑去运营，让市场这只无形的手来最终决定这三种不同商业模式的命运。

最终的结果大家都已熟知，大浪淘沙，一淘被淘汰掉，变成了一个部门重新回到了阿里巴巴。这次实践的伟大之处不仅仅是造就了今天的单日销售额可以突破一百亿元的淘宝，更重要的是它是一次了不起的战略实践，也逐步形成了阿里巴巴强大的战略管理能力。

在VUCA时代，一个战略管理的典型特征是"从战略到执行的反馈闭环越来越短，组织需要在大致方向正确的情况下快速行动，并且边行动边不断校准和修正战略方向。构建一套从战略制订至战略执行的流程，并使之运营高效，是适应VUCA时代的关键"。

企业难以确保每次行动的准确性，但必须确保每一次尝试都是高质量的商业试验，否则就会失去机会。合理试错、快速调整的能力比一次偶然的成功更为重要。组织只有提高战略管理能力，才能缩短从远见到执行的时间周期，提高行动效率和成功概率。这就需要组织更加深刻地掌握战略与执行的工具，才能确定商业试验的效率和水准。

虽然越来越多的有远见的经营者，认识到战略管理能力是优秀企业与平庸企业的差距，但是提升组织的战略管理能力这项任务仍然艰巨并且复杂。

构建适宜的战略管理系统

我们需要在战略管理系统和执行管理系统方面建立正确的理念，理解组成战略与执行系统的主要元素，并使它们协调一致，还需要针对不同的业务场景，将这些元素连接成合适的战略与执行管理流程。

变化的与坚持的战略理念

在VUCA时代，大量的信息和思想带来了变革，也带来了躁动与混乱。很多管理者一边迷失在众说纷纭的战略理念里，一边又迫切地寻求解决之道。

总体上，战略迭代的速度在加快，但战略的本质并未变化。一方面，在互联网等新兴经济领域，我们越来越多地强调战略的实践性，战略就是边做边试，战略流程与执行流程混合，边界逐渐模糊；另一方面，对于一些传统行业、重资产行业，如航空业、能源领域，计划和预测对战略制订仍至关重要。毕竟资产从立项、建设至形成收入，需要很长的时间，经济预测还是这些领域战略的制订的基础，企业虽然在承受VUCA时代的结果，但经典型战略的形态并未改变。因此，我们需要建立全面的战略观，既不能过分地强调战略的灵活性，又不能过分地强调战略的可计划性。过分突出任何一个方面，都会有失偏颇。

从来没有一个时代，人们对战略管理的认识如此复杂，又如此多变，战略这头大象的全景究竟是什么？在这个多变的时代，建立对战略的整体认识，塑造战略管理的全局观，找准本企业的战略属性，保持清醒，避免头脑发热，对于我们保持战略定力特别重要。

放弃的与追求的思维模式

在组织管理过程中，人们往往有一种感觉，认为战略是"居庙堂之上"，而执行是"处江湖之远"。因此，经常会有管理者抱怨"我们的战略没问题，是执行出了问题"。这样的说法体现了人们对执行系统的误解，认为战略与执行是管理的两个环节。这样的认知使很多组织的战略与执行系统脱节，甚至部分管理者把"执行"简单地理解为听从命令，服从指挥。

事实上，战略与执行是不可分割的整体，在战略管理系统设计之初就应当将执行系统一同考虑。组织设计与组织能力建设应当与战略管理系统协调一致，相互呼应。这种呼应不是简单的拆分，而是形成一个有机的整体。

目前很多企业的执行系统设计是"物理分解"，根据不同的职能将战略进行生硬的拆分，人为地将工作拆分成独立的部分，这些工作之间没有有效的联系。如果没有有效的配合，再优秀的个体也组不成一支优秀的团队。这样的行为方式是我们应该放弃的。

如何将执行系统设计变成"化学分解"，不同的执行要素互相融合形成新的物质，不同的行动之间要建立联系，并形成链接，使企业变成一个血肉相连的有机体，是管理者必须面对的问题，也是我们应该追求的目标。

遵循的和探索的战略流程

要建立战略执行管理系统，需要将战略与执行相关元素通过一定的链条联系起来，组成组织的战略管理流程。同时要根据自己的业务形态和发展阶段进行适配，实现从战略到执行的快速迭代。

面对众多的战略管理理论和工具，我们需要识别战略制订与执行的不同的环节、这些管理理论和工具所适用的场景以及它们的局限性，再将这些环节和工具进行有效的联系和链接，形成与公司的战略类型相一致的战略管理流程。

比如，航空、能源等传统行业与快速变化的商业智能和互联网领域，其战略管理与执行流程存在较大的差异。前者注重环境洞察、战略目标和绩效控制这些战略链条环节和要素，强调规范化与计划性；后者更注重商业模式设计与验证、行动管控这些战略链条环节和要素，强调敏捷与迭代。

缤纷复杂的业务形态，快速变化的时代背景，不断进化的企业状态，所有这些，需要企业的经营者既要吸收和遵循战略管理的经典知识和经验，又要探索和打造新的战略管理模式和流程，以适应当今复杂的世界。只有打造出符合企业实际情况的战略管理流程，才能有效地提高企业的战略管理水平。

在充满变化与不确定性的VUCA时代，战略管理的节奏被加快，对组织战略管理的能力要求越来越高，我们须从战略理念、思维模式和战略流程层面，革旧鼎新，满怀激情和信心地迎接这个变化的时代。

第二章
好战略与坏战略

我们在工作中接触过很多企业，几乎没有哪个企业会坦言自己没有发展战略。大多数公司都会把他们的战略目标、愿景、战略规划郑重其事地悬挂在墙壁上，公布在官方网站上，写在员工手册里，然而我们再看他们的工作，似乎又把这些抛于脑后，所作所为似乎与这些"战略"毫无瓜葛。

事实上这些企业的战略规划并不合格，他们的战略有可能是空洞无意义的口号，也有可能是不被组织成员所接受的行动方向。总之，无法称之为好战略。

一个好的战略不应该只是挂在墙上的口号，也不应当只与组织中的少数人有关，而是应当植入到每个组织成员的日常行动当中，成为组织所有成员的行动指南。

什么是好战略？

什么是战略？战略就是组织为了抓住特定的机会和开发业务核

心竞争优势，而展开的一系列综合的、协调的约定和行动，是资源约束下的聚焦性行为。

这个战略的定义体现了好战略的根本特征：好战略应体现定位与能力的均衡性，应是连续的一贯性的活动，是资源和成本的最佳投入模式，应在内部协调的基础上取得组织的广泛认可。

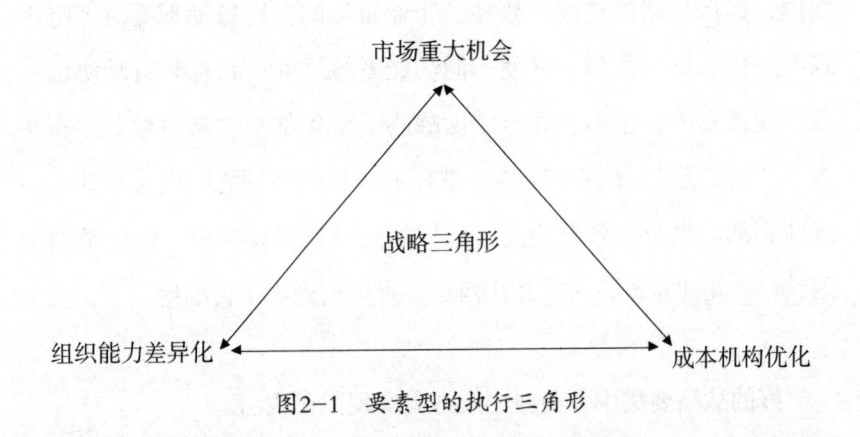

```
              市场重大机会

              战略三角形

组织能力差异化            成本机构优化
```

图2-1　要素型的执行三角形

好战略有效地实现了市场机会、组织能力和成本结构三者之间的协调（如图2-1），围绕重要市场机遇，实现组织能力和成本结构匹配，并形成一系列的连续一致的行动。

好战略要能够透过机会洞察来创造优势

战略的首要任务就是一个声明，告诉大家我看到了一个市场机会，组织要向这里发起冲锋。人们经常说的"在风口上的猪也能飞起来"，再一次说明机会洞察的重要性。在创业初期，企业的核心能力可能并不突出，但机会识别好了，也会获得较大的发展。好战略会以深刻的视角审视所处的环境，做出对市场、竞争环境和客户发展趋势的重大判断，对自己的优势和短板进行反思，然后决定组织的奋斗目标和方向。

好的战略要实现组织能力与战略紧紧相随，并通过一系列的连续一致的行动来塑造组织能力

战略定位确定后，组织能力的建设需要很长的周期，因此企业须明确业务的关键成功因素，决定针对哪些关键成功因素构建核心竞争力，并针对核心竞争力开展一系列的行动。组织须在较长的时间周期内，确保战略的连续一致性。企业每年的关键行动都要对齐组织瞄准的核心竞争优势，并使不同功能系统之间的目标和行动协调一致。在现实中，很多企业年年做战略，每年都是"新主意""新花头""新辞藻"，不同年度的关键任务或战略主题之间没有关联和一致性，部门也总是各自为战，这样的组织就好像拿着一幅错乱的地图，一会儿往东走，一会儿往西走，永远也到不了目的地。

好的战略要集中弹药在主攻方向实现饱和攻击

战略规划有一个最通俗和显性的体现，就是一个组织"如何花钱"。资源如何投放和使用是组织战略最直观的体现。好战略的最终目标就是为了实现资源的最优配置。

《华为基本法》中有一段话很好地体现了这一原则：在成功关键因素和选定的战略生长点上，以超过主要竞争对手的强度配置资源，要么不做，要做，就极大地集中人力、物力和财力，实现重点突破。

当我们看到一个组织声称它的战略是A，但是把资源投给了B、C、D，这类企业其实并没有明确的战略，而最终往往哪个目标都没能很好地实现。

好战略要分清主攻方向，在主攻方向上使用"范弗里特弹药量"

（唯火力制胜论的一种，意指不计成本地投入庞大的弹药量进行密集轰炸和炮击，对敌实施强力压制和毁灭性的打击，意在迅速高效地歼灭敌有生力量，使其难以组织有效的防御，最大限度地减少我方人员的伤亡），好的战略并不是不抛弃不放弃。与之相反，好的战略是要敢于抛弃和放弃，分清主攻和辅攻，对准核心业务领域和组织的核心竞争力投入资源，构建组织的竞争壁垒。

因此，从内容角度看，所谓战略就是企业以什么产品和服务进入哪个市场，建立哪些竞争优势的一种描述。也就是说好的战略要定义在哪里赚钱（进入哪个市场），以什么样的方式赚钱（以什么产品和服务），在哪里花钱（构建核心竞争力）。

什么是坏战略？

坏战略与失败的战略不是一回事，好的战略有可能会因为种种原因而失败，但是坏的战略却注定不会成功。虽然很少有组织会意识到自己的战略是坏战略，但是与好战略的罕见相比，坏战略似乎比比皆是。

坏的战略虽然各不相同，但是往往遵循一致的规律，我们经常看到的坏战略有以下三种表现形式。

华丽空泛型战略

伪装成战略的废话，往往充满了各种高深的词汇和华丽的辞藻。战略报告没有回答组织所处领域的商业成功关键因素以及组织需要构建的差异化能力，没有对所处领域商业终极状态的洞见和假定，而是盲目地追求热点。

在2008年的时候,"云计算"是一个新兴的时髦词汇,但是大多数人都不太能够理解"云"是什么。一个电信领域的领导厂商提出"要成为中国云计算的领导厂商"。他们的中层管理者在谈起这个战略的时候一脸无奈,说"老板让我做出一份关于云计算的规划,可是我完全不知道这到底要干什么"。可见这位企业老板在提出这个战略的时候并没有想清楚自己的进攻方向和着力点,并没有想清楚自己在云计算领域能够干什么,而只是觉得这是未来的一个热点,必须去追。直到2021年,这家企业在云计算领域依然裹足不前。

这种战略一般表现为两种形式,要么是充满各种"世界一流"和"领导厂商"类的名词,要么就是充斥"生态圈""云计算"类的时髦词汇。

自相矛盾型战略

战略目标是领导者为了达成最终目的而设定的,就像舰队最终都是驶向同一个方向。在现实中,组织在设定战略目标的时候经常设置了多个目标,最不幸的是这些目标还经常是矛盾的。如果目标自相矛盾,有时候还不如没有目标。

有一家国内比较知名的民营酒店集团,老总裁退休后由他的儿子接任。核心管理人员找到我们,希望能够帮助他们梳理新总裁上任后的公司战略,以便于他们在新的年度开展工作。年轻的总裁热情地接待了我们,他显得野心勃勃,对自己的规划充满信心,同时又满怀忧虑,公司过去的日子太好过了,导致一线的服务意识和服务质量水平有较大差异,出现人才板结现象,所有员工基本不流动,大多是十几年以上的老员工，并且难以优化。

他对未来的规划主要包括三个主要内容。

建立酒店生态系统：这家酒店集团拥有大量自持物业，这是其他竞争对手所不具备的优势。但是长期以来他们都在依靠物业升值的红利来获取利润，却没有很强的酒店业务运营能力。恰逢2019年中国香港旅游业遭受重创，他打算成建制地引入中国香港知名的餐饮团队负责餐饮业务，而他的公司作为平台方，提供物业和客流服务。

打造特色的亲子度假酒店：这家酒店集团过去一直是以会议接待为主的酒店，但是因为多种原因，如今会展业务规模持续缩小，因此他打算逐步重新改建酒店设施，提高人性化服务，增强入住体验。

坚持大客户销售模式：谈到未来主要的收入来源，他认为公司未来营销的重点还是大客户销售，因为会议服务的利润相对较高，同时营销过程也相对容易，因为十多年来他们已经拥有了一套完善的大客户销售体系。

他的三个战略目标单独看起来都很好，也很有道理，但是组合在一起，我就理解了他们的管理层为何显得如此无所适从，急切地想要寻找外界力量的帮助了。因为这三个战略的方向截然不同，会分散组织的资源投放，而且有一些战略之间还是矛盾的。他未来的营销重点仍然是会议服务，需要构建极强的大客户销售团队和销售管理系统。亲子特色酒店与会议业务对餐饮和住宿的要求是完全不同的。如果要以会议为重点，就不需要十分细致的人性化服务和亲子化的装修与设置，甚至也不需要中国香港知名的餐饮团队，而是需要多样化的会议室，适合团队用餐的就餐环境与菜品设置。如果要打造系列亲子型度假酒店，那么除了装修之外，还需要加强服务管理系统建设，强化公司旗下20多家酒店的服务标准化，要构建员工服务训练体系，进行服务理念转型，大幅度调整一线服务的团队领导，最重要的就是需要摒弃过去对大客户销售的依赖，拓展面向个人客户和商旅客户的销售渠道，并且建立自己的会员系统。组织的基础如此薄弱，并且人才无法流动，要构建这么多的核心能力，难度可想而知，并且任何一项的能力构建都需要时间和成本。再者，不同的经营方向，对文化的要求也有差异，例如做简单的资源型生意和大客户生意主要强调效率，做亲子生意主要强调精细化服务，组织同时推进这两种系统，必然面临着文化的冲突。正是这种互相矛盾的战略，让公司的管理层十分茫然，不知道应该采取什么行动。

许多企业的战略系统，我们可以称之为推动业务进步的多目标行动，多个目标具有不同的关键能力要求，这导致企业无法在主攻方向上实现饱和攻击。

言行不一型战略

前面我们说过，企业的战略包括商业洞察和连续一致的设计。但是有一些企业虽然制订了一个很好的战略目标，却没有下决心去执行，后续的执行设计与这个战略目标完全不相关，甚至背道而驰。这样的战略不仅毫无意义，还会影响员工和客户对这家企业的信任。

有一家北方的疫苗生产企业，他们的愿景是"提供自主研发的、先进的、安全的药品"。然而他们的财务报表显示他们每年在研发上的投入不足2%，在品控方面的投入不足1%，销售费用却占总费用的20%。报表显示这是一家以销售能力取胜而非研发取胜的公司，企业的发展方向与企业愿景没有关系。后来，这家公司被曝光了药品安全问题。

在这种情况下，战略虽然是明确的，但仅仅是战略会议上的口号，战略的成果没有体现在成本结构和组织设计上，就会在组织内部倡导极差的执行文化。

为什么制订好战略很困难？

组织中从来都不缺乏聪明好学的管理者，MBA课程中有大量的关于战略的课程，书店里也有大量的关于战略的书籍。但让我们意外的是，拥有好的战略的公司却是如此稀少。到底是什么影响了我们制订好的战略呢？

战略制订与决策的过程是一个复杂的博弈过程。在企业战略决策的竞技场上有三类力量（如图2-2），决定了企业战略的走向和战略管理的水平。

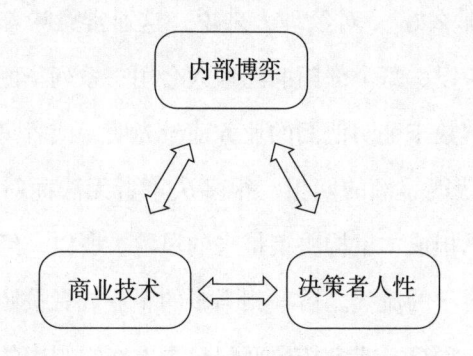

图2-2 企业战略竞技场决定因素

商业技术影响

好战略需要制订者拥有良好的战略管理的技能。与战略制订相关联的商业技能主要包括：商业形势的信息收集与判断能力，商业模式设计与创新技能，战略方面的理念认知，从战略制订至执行的一系列流程、方法和工具的技能。由于中国经济刚刚经历了30年的高速增长，在这种时代成长起来的领导者具有一种蛮荒的力量，他们身上总有一种与生俱来的自信，有时候他们更愿意相信自己的直觉，而非商业技术。但是，这种经济增长的黄金时代已经过去了，商业技能对于战略制订的影响变得越来越重要。

内部博弈影响

每次到了公司做预算决策的时候，许多部门负责人就会让下属收集资料，纠集众多人员，然后豪气地一挥手说："走，让我们一起争预算去。"战略的核心议题就是如何分配资源。实现资源配置合理化的前提，是对各个业务的前景做出精确的判断，需要确定哪个是最有前景的业务，哪个业务没有那么好。如果自己主管的业务前景被公司定义为"不那么好"，对经理人来说，这通常意味着话语权和内部地位的降低。所以，每个部门的经理人会用一系列华丽的战略规划图表，使出浑身解数来证明他们的业务前景光明，或者只经过初期的投资，未来必将获得超额的回报。很多决策者无法面对这样的人际压力，也不愿意承担成本重构决策带来的风险。所以，经过一系列看上去十分公平和科学的流程之后，相当多的企业或者按照各部门业绩增长幅度平均分配预算，或者按照部门负责人在组织中的影响力来决定资源的投入。战略规划最终变成了一种公司内部的不同力量的博弈，市场洞察和资源配置失去意义。

决策者人性影响

战略的制订最终还是人的决策，不可避免地要受到人性的影响。在现实中有三种人性倾向影响了决策者做出正确的判断和决定。

实事求是。这种品质在战略制订时显得特别重要和稀缺。大部分管理者要么不愿意接受和承认行业低增长现实，在低增长的环境下，仍然追求并不现实的高增长目标，认为本企业可以逆势增长；要么不能对核心优势和劣势做出恰当评价，过高地估计组织的战略优势，进入错误的领域。

多元化投机陷阱。在经济的高速发展阶段，很多的企业管理者在机会增长的市场上，依靠定位和抓机会成功过，甚至取得优异的成绩。成功的经验往往会极大地强化企业经营者的投机心理，产生一种难以克服的通过发展新领域追求高增长的心理顽疾，很多经营者被这样的心智模式所控制而不自知。国内的经营者很难克服过去30多年中国市场的持续高增长带来的机会型增长思维，他们容易盲目地追求多元化，忙于开拓新的作战领域，而不愿意在核心领域上构建长远竞争力。在未来相当长时间内，避免各种机会的诱惑和机会陷阱，克服投机思维，专注企业核心领域是一种难得的智慧和能力。

创新者窘境。不能够放弃既得利益，从而不能抓住创新机会。随着时代的变化，很多组织过去引以为傲的优势可能变成掣肘发展的因素，"组织总是被过去的成功所绊倒"，人们总是不愿意放弃既有的认识和自己习惯的行为模式去迎接变化，从而被新的市场力量打倒。就像现在很多传统的零售商，不愿意让自己的线下业务受到冲击，从而拒绝拥抱电子商务的机遇；而原本擅长通过传统渠道获得客户的企业，不愿意冒着得罪传统渠道伙伴的风险，尝试新媒体渠道。

战略的社会性和文化特性往往在企业的战略决策中拥有更加强

大的力量。在企业战略决策竞技场的较量中，大部分时候是"决策者的人性"和"内部博弈"战胜了"商业技能"，使一个好战略难以诞生，坏战略却比比皆是。

　　企业要不断提高组织战略制订的商业技能，克服内部的力量博弈影响和人性的弱点，避免坏战略，制订出抓住市场机会、构建组织能力和重置成本结构三者相匹配的好战略。

第三章
定位与能力的平衡

几十年来，人们关于什么是战略的争论就好像盲人摸象的故事，每个人都有自己的观点，也都能举出有力的论证。有的人认为战略就是寻找和发现市场机会，有的人认为战略就是建立某种组织的核心竞争力。

战略的核心到底是什么，在学术界也一直是大家争论的焦点。关于战略的争论集中体现在：在企业战略管理中，究竟是市场定位更重要，还是构建核心竞争力更重要？最能代表两种观点的是最为广泛流行的两个战略流派，分别是以波特为代表的定位派和以哈默尔等为代表的能力派。

战略管理思想的主要争议

定位流派的代表人物波特指出：战略是在一个可以赚钱的市场中，比对手更快地占领优势位置，率先取得利益，而能力是从属性的。波特认为，真正可以赚钱的模式只有三种：即产品是否比对手更便宜（成本领先）；产品附加值是否比对手更高（差异化）；战略实施是否比对手更紧凑（集中）。1980年波特的《竞争战略》面世以后，定位理论迅速成为战略管理领域的主导学派。依据定位理论成功的企业不胜枚举，最近的一个案例是中国电子商务市场上的后起之秀拼多多，它依靠定位于国内市场的数量巨大的低端消费者而成功。

能力派的兴起是由20世纪日本本田等日本企业在世界范围的成功所引发的。

本田公司于1962年开始进入汽车制造领域，当时的通用汽车公司是本田公司规模的68倍，即使是"三巨头"中最末位的克莱斯勒公司，也是本田公司规模的13倍以上。与福特、通用、克莱斯勒相比，本田就是汽车领域的一只小蚂蚁。而正是这只小蚂蚁居然要向大象进攻。

基于定位理论，本田进入汽车制造领域，不算一个好的战略定位，当时很多战略管理方面的学者很不看好。哈佛商学院的知名学者理查德·鲁梅尔特向MBA学生提出了一个"简单"的问题：本田是否应该加入世界汽车产业？鲁梅尔特给所有回答"是"的同学判定为不合格。他解释的原因是：行业竞争对手众多，市场已经处于饱和状态；日本和欧美的竞争对手优势突出；本田公司在汽车制造领域的经验几乎为零；没有现成的汽车销售的渠道和能力，构建周期长，因此是个较差的战略定位。

然而后来发生的事情，完全超出了众多专家学者的预期。

1970年，美国议会通过了《清洁空气法案》，要求汽车制造企业在"五年以内尾气排放量减为十分之一"。三家美国汽车巨头齐声表示这是不可能的事情，本田公司反而认为，这是一个千载难逢的机会。本田技术团队倾力打造出一款CVCC引擎，成为世界上最早符合清洁环保要求的汽车引擎，完全满足《清洁空气法案》的要求。

当时的本田已经实现了机械化生产，其自动化生产系统领先全球，极大地降低了汽车的生产成本。同时期，美国汽车仍然在使用老旧方式生产，使用大量人工，生产成本高。

1973年全球石油危机爆发，低耗油量及尾气少的本田小型汽车受到关注，销量大增。

1985年，鲁梅尔特的妻子把自己的汽车换成了本田品牌。他妻子购买的理由是：质量好、价格实惠。她用自己的消费行为给鲁梅尔特的MBA学生平了反。

基于日本企业的实践，战略的能力流派开始正式走上前台。哈默尔等人认为：企业在适应商业环境变化的同时，应很好地理解"核心竞争力"，产生企业收益的源泉，不是事业的定位，也不是业务的效率与速度，而是位于二者之间的"核心竞争力"。他提出了"与收益关联的持续性竞争优势即核心竞争力"这个概念。核心竞争力是带着"机会"的"优势"，并认为定位理论失败的原因正是缺乏这样的概念。能力学派的一群人异军突起，他们的口号是"能力在先，定位在后"，积极倡导提高人与组织的学习能力。

能力派与定位派展开了长达十几年的争论。在波特发表《什么是战略》一文后，这种争论达到了高潮。波特认为"能力论不过是业务效率化""它无法带来大的跨越式发展"。这个论调一出，立即炸了锅。能力派奋勇应战，提出相反的论调指出：大量的企业实践表明，很多企业虽然处于可盈利市场，但依然可能无法盈利，因此能力才是战略的根本。

就在定位流派与能力流派激战正酣之时，战略混合派的出现基本上终止了双方的争论。战略混合派的代表人物加拿大麦吉尔大学教授、著名的战略管理领域的大师亨利·明茨伯格提出：重视定位，还是重视能力，应该是"依情况而定"。他还进一步提出：企业在创始阶段或发展早期，应该重视定位，进入成熟阶段，应该强调能力。

定位与能力的均衡

企业增长来源从根本上说有两种：一种是市场和机会驱动的增长，主要指企业处于较好的经济环境而引发的自然性增长；一种是企业核心竞争力驱动的增长，主要指企业因为具有超越竞争对手的核心能力而引发的超额性增长。在任何时候，都是两种根本性因素在同时起作用，但在不同阶段，二者的影响程度不同。

高增长市场比眼光，比谁更快

机会驱动的增长是行业性的整体性增长。当市场处于高速增长的阶段，市场中的每个企业将享受到市场普遍增长的红利。选对战场，增长便自然发生。对此，小米创始人雷军有一句名言："站在风口上，猪都会飞起来。"

在机会驱动的市场中，比的是谁能更快地占领先机。如果把经营比作攀登一座大山，战略就是决定登哪座山，走哪条道路，企业应在"可盈利的市场"选取"可盈利的位置（定位）"。攀登经营这座大山时，选择容易攀登的山，走容易攀登的路，当然容易领先。套用一句俗话，就是"选择比努力更重要"。

没有选择好定位,即使在能力建设方面投入很大的努力,成功也会来得十分艰难。伟大的中国企业华为就曾经有过这样一段艰难的发展历史。

华为公司2003年和2004年的销售额分别为317亿元人民币和462亿元人民币。华为大力扩展海外市场,在全球设立了55个代表处和8个地区部。虽然外表光鲜,但任正非有苦难言。当时国内的3G建设竞争非常激烈,有时深陷低价竞争的泥潭,根本没有多少利润空间。而当时在国外,华为不像现在享誉全球,只是一个不知名的小企业。欧、美、日、韩等发达国家和地区的运营商根本看不上华为。所以任正非不得不和摩托罗拉开启谈判,想要以500亿元人民币的价格卖掉华为。

当意向书已敲定,摩托罗拉忽然发生了人事变动。谈判负责人Zafirovski失去话语权,Sun Microsystems的Ed Zander被请来担任摩托罗拉的首席执行官。Zander同意进一步谈判,但最终拒绝了签署这笔交易。当然我们现在应该庆幸,多亏这次谈判没有成功,中国才有了今天的华为。

但是这个案例仍然给我们一个启示:当年华为虽然选择了一个巨大的高速增长的市场,这是华为战略定位的优势,但是由于当年弱小的华为没有足够的竞争优势,以弱者的姿态进入这个市场,带来极大的经营难度。虽然华为在锻造核心竞争力方面一直做得十分优秀,最终取得了成功,但依然经历了一段处境艰难的历史,甚至差一点就成了一家美国公司。

没有选择好定位,虽然有成功的实践案例,但失败的案例或许更多。由于"光环效应",大家往往只看到胜利者的光环,而没有看到角落里失败者痛苦的血泪。

成熟市场比拳头，比谁更有力量

行业不可能永远高速增长，行业进入平稳发展期以后，存量企业的竞争将越来越激烈。企业越来越难以寻找市场容量大、利润好的可盈利定位，前期形成的依靠"定位准确，快速部署力量"的增长逻辑遇到了挑战。在成熟市场情况下，每个细分市场的可盈利地位都在下降，快速增长人力、增加基础设施和固定资产投入，并不必然带来业绩的增长，却一定会导致成本的增加。如果说企业的上半场是赛跑比赛，那么下半场更像一场拳击比赛。业绩增长取决于对存量市场的争夺能力，比的是谁的拳头更硬、体格更壮，通过构建差异化能力而获得增长成为核心增长模式。企业的战略重点从以抓机会为主，转到核心竞争力的建设上来。

在早期快速增长的市场上，大多数的参与者只追求规模和效益，只顾蒙眼狂奔，这些企业没有做到定位与能力的均衡，投机意识很强，往往高估自己的能力，不注重核心竞争力的建设，注定只能成为"平庸参与者"。只有少数"远见型企业"一边奔跑，一边构建核心竞争力，锻炼肌肉和力量，这些"远见型企业"会在下半场的拳击竞赛中脱颖而出。此时，"平庸参与者"才意识到核心竞争力的重要性。由于行业整体利润降低，市场环境变差，"平庸参与者"一边要保持盈利，一边要强化核心竞争力的建设，困难重重。同时，这些企业发现，优秀是一种习惯，核心竞争力建设不是一天时间能够完成的，从主要靠抓机会到依靠能力取胜，不是一次战术性的调整，而是一次深层次的组织变革，难度之大远超想象。于是强者恒强，"远见型企业"的优势就会更加突出，从而形成市场分化。

中国的快递行业从2010年开始伴随着电子商务的发展，迎来了快速增长的时期。QF快递集团就是在那时成立的，它伴随着行业的红利，得到了飞速的增长。在2013年成功引入力鼎资本、鹏康投资、凤凰资本三家投资机构共同注资2亿元。就在这一年，他们的高级副总裁志得意满地对我说："在我们的行业，就算我什么也不做，一年也可以有100%的增长。"这家公司在鼎盛的时候，在全国拥有5000多个网点，每日的接单量最高的时候达到每天100万件。然而现在，我们似乎很少再提及这家快递公司的名字了。回顾那几年的风光时刻，QF快递一直是被客户投诉最高的快递公司之一，丢件情况也时有发生。在获得2亿元投资之后，他们把主要的精力放在了网点建设和市场扩张上，而这时他的竞争对手"三通一达加顺丰"正在加紧信息系统建设、自动化的仓储分拣系统建设和客服体系建设。当市场进入到成熟期，这家曾经风光无限的企业很快就被淘汰了。

树立正确的增长和发展观

企业应该先做大、后做强，还是先做强、后做大？这个争议由来已久，这个问题的本质就是企业在发展中如何看待和协调使用"定位驱动增长"和"能力驱动增长"。做大和做强是两种不同的增长模式，就如同两种不同的生活方式一样，它们并不会在未来某个时间点实现自动切换，也没有这样的自动转换按键。

表面的规模增长，看起来像吱吱作响、散发黄油香气的牛排。经营者面对这种不可抵制的诱惑，天然地想增加基础设施、固定资产和人员规模投入。然而人无远虑，必有近忧。表面上看企业是在不断做大，实质上规模增长的质量并不高。当市场高潮停止时，经营者才发现资金周转困难，无利润可言，经营难以为继。这种没有核心竞争力的摊大饼式的规模化或多元化发展，我们称之为"增长陷阱"。

事实上，我们看到古今中外的很多经营者在经济高速增长期总是充满着各种不可抑制的扩张冲动，不可抑制地进入"增长陷阱"，这种冲动会在经济进入滞胀或衰退时终止。这种发展模式，就如同企业经营者正参与一场赌局。赌徒每一次都把上次赢的筹码全部投入到新的赌局中，不断打着"一体化""整合营销""生态圈"等名义进入与主业关联不大的领域，投资基础设施。只要不离开赌桌，总有一天会全部输掉。

第二次世界大战之后，世界兴起了一股多元化浪潮。尝到了多元化甜头的大企业们控制不住多元化的冲动，在"二战"结束后迅速扩大自己的地盘和产品，实施多元化的企业短期实现了较高的规模和利润增长。这种浪潮在20世纪60年代的"并购"热潮和70年代兴起的"无关联多元化"的风暴中达到高潮。多数企业都将多元化拓展到了与原有业务完全无关的领域。大部分组织采用事业部制，通过规模与多元化从资源的充分利用方面获得效率，并可以通过多分部结构的运营分权来处理由此产生的复杂问题。在多元化的巅峰期，通用电气公司有46个事业部，联合企业的利顿工业公司有70个事业部。这无疑对部门的管理能力提出了巨大挑战，多元化的结果是业务的赢利能力普遍下降。于是在20世纪80年代，精简业务和推行重组战略成为主流，其中最具代表性的是杰克·韦尔奇提出的"数一数二"的经营策略，通用电气通过重组将业务规模缩小到原来的三分之一以下，获得了巨大成功。

过去几十年，国内经济快速发展，有相当数量的规模企业以各种名义进入了多元化的领域。大部分企业重视扩地盘，忙于跑马圈地，而不重视垒城墙。因为没有坚固的城墙，再广大的疆域，当敌人的铁骑到来时，也会在一朝之间陷落。

今天，国内经济总体处于高速增长向平稳增长转变的历史节点上。经营者需要及时调整战略经营思维，适应这种变化，重新平衡与定位两种增长模式，加强对核心竞争力建设的投入，谨慎地评估多元化投资机会，由外延式发展转变为内涵式发展，把成本集中投资在垒城墙上。

一个成熟的管理者应该保持清醒的头脑，准确地判断企业现在的增长来自何方，建立正确的绩效观。

几年前，一家在互联网软件领域创业的公司负责人兴奋地对我说："我们去年的业绩增长了70%，完全超出了我们的预期。这说明我们的团队已经具备很强的竞争力了。"

我也替他感到十分高兴："这真是太棒了，这个增长来自哪些方面呢？"

软件公司负责人："年初的时候，我们锁定了物流行业。物流行业的市场今年有一个爆发，贡献了我们业绩的70%以上。"

我忍不住追问："这听起来真不错，那同行业的公司增长如何呢？"

软件公司负责人："我还真没有关注，我打听一下。"

过了一会儿，软件公司负责人有些沮丧地告诉我："A公司、B公司，业绩分别增长了105%和92%。"

在这个软件公司的经营管理中，其业绩主要增长来源显然是占据了可盈利的市场空间，从而享受到高速增长的红利，核心竞争力并没有起到放大作用。

每个经营者都应该反思：我们的业绩增长是来源于可盈利的市场定位，还是企业的核心竞争力，核心竞争力是否起到了放大作用？对于这个问题的反思，有利于我们在经营过程中保持理性和清醒。

经营者应该建立均衡的战略观，把抓机会与核心能力建设二者协调起来，根据企业的不同业务的形态和发展周期，确定不同时期战略管理的侧重点。

第四章
战略管理流程

梳理战略管理流程,首先需要明确战略管理的框架。战略管理的基本框架由以下三个部分组成,即战略管理的基本假定、战略管理的基本流程和战略管理的基本内容(如图4-1)。

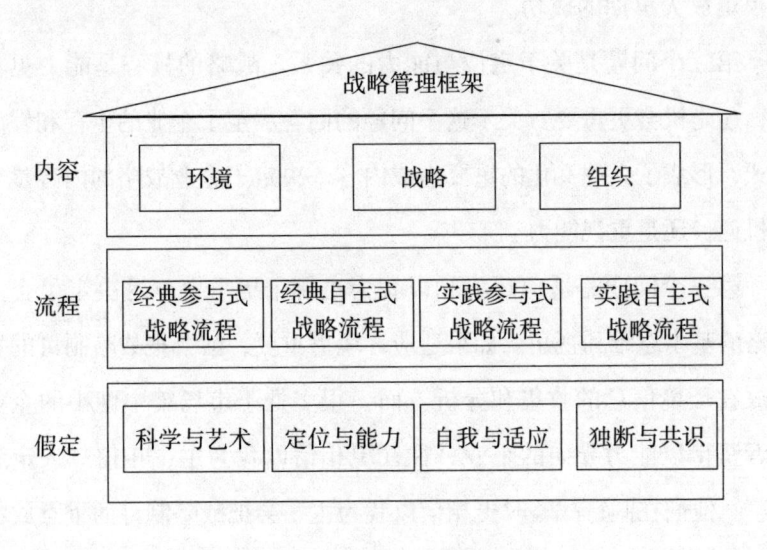

内容	环境	战略	组织
流程	经典参与式战略流程	经典自主式战略流程	实践参与式战略流程	实践自主式战略流程
假定	科学与艺术	定位与能力	自我与适应	独断与共识

图4-1 战略管理框架

战略管理理论和实践一直存在四大争议问题，关于这四个问题的看法形成了组织的战略假定。这些假定影响了组织的战略思维和战略观，并在相当程度上决定企业的生存和发展的方式，对文化形成重大影响。我们把对这四个问题的认知看作是战略思考的四根顶梁柱，战略管理流程和战略管理的内容是建立在这四个假定之上的。

第一个问题是关于战略的艺术化和科学性的看法，这在相当程度上决定了企业从战略到执行的流程设计和管理方法，决定了战略规划更重要还是实践更重要。过分地强调战略的艺术性和科学性都是有害的，过分强调艺术化会危害战略流程化和标准化，从而影响组织的效率和效能；过分强调战略的科学性会危害组织的灵活和创新性，影响新业务探索。从诞生到发展、壮大，企业的战略是不断从艺术化越来越倾向于科学化的过程。与此相适应，企业应适时调整自己的战略理念，不断强化计划性，以提升组织效能，否则企业将很难放大早期的成功。

第二个问题是关于定位与能力的关系。战略的核心是能力更重要，还是机会更重要？关于这个问题的回答决定了企业的生存和发展模式，形成了企业文化的重要组成内容，决定了企业战略的内容是重视机遇，还是重视能力。

第三个问题是适应环境和以我为主哪个更重要。这决定了企业战略的基本思维和视角。如果适应环境更重要，就会把战略制订的重点放在环境信息的收集和分析方面。很多处于市场集中度小的企业或者坚持以能力导向的企业，往往更相信以我为主，相信"人定胜天"。他们在制订战略时更相信以我为主，会把战略制订的重点放在商业设计、组织设计和竞争力的识别与建设方面。

第四个问题是关于战略的社会性、文化性的认知。战略是管理者的"乾纲独断",还是建立在一种组织的共识之上?这决定了企业战略制订与执行过程中的角色分工和参与方式。如果否认战略的社会性,就不会在战略制订的过程中注重群体的参与和共识形成过程,不重视学习在战略形成中的作用,不承认战略过程是一个集体思维过程和心智过程,不认为战略过程是一个愿景构筑过程,也不可能在组织内部形成战略管理流程,最终会极大地影响战略的执行力。

战略假定会极大地影响组织的战略管理流程和战略管理的内容,甚至在一定程度上决定着战略管理的内容和流程。组织战略管理的内容是处理环境、战略、组织三者之者关系的一系列的流程和活动。

企业战略类型分类

为构建企业个性化的战略管理流程,我们需要对战略类型进行分类,并基于不同战略类型组合不同的战略管理要素,形成不同的战略管理流程,以适应不同业务类型的战略管理要求。

流行的观点把战略家看成策划者或者有远见卓识者,是高高在上、向其他所有人布置卓越战略的某个人。在承认提前思考的重要性的同时(这个世界尤其需要有创意的观点),关于战略家,我想提出一个不同的视点——把他们看作一种模式的识别者,一个学习者——他们管理一个过程,其间战略可以自然生成,也可以深思熟虑而成。重新定义战略家,他们是多个个体组成的相互影响的一个集体中的一员,深至组织的心灵。这位战略家与其说是创造了战略,不如说是发现了战略,通常这些模式的形成都源于一些意料之外的行为。

——[加]亨利·明茨伯格《战略手艺化》

亨利·明茨伯格在《战略手艺化》一书中提出了两种极致的战略类型。我们将那种基于高瞻远瞩的见解、精细的规划而来的战略称为经典式战略，将那种在实践中沉淀、自然生成的战略称为实践式战略。

四种基本战略类型

组织都有哪些战略流程类型？不同的组织应该采取哪种战略流程模式呢？借鉴马丁·里维斯等人的方法，我们从业务确定性和组织影响力两个维度来对战略类型进行分类，并制订不同的战略管理类型和战略管理流程。

业务确定性就是业务前景可预测的程度。一般受经营环境的可预测性、商业模式的可预见性、技术成熟度、行业成熟度和组织成熟度的影响。

经营环境的可预测性主要指企业所处商业环境的变化剧烈程度、法律监管的变化情况、客户需求的变化程度等，变化程度越小，业务的可预测程度越高。

商业模式的可预见性主要指商业模式是否清晰并已经被验证。越是被验证过的商业假设，其商业模式更加清晰，业务的可预测性越高。

技术成熟度主要指技术的趋势是否清晰，技术的更新迭代的速度、技术路线的变化速度等是否清晰，技术成熟度越高，业务的可预测性越高。

行业成熟度主要指行业的竞争结构是否固定、行业的发展趋势是否明确等，行业越成熟，业务的可预测性越高。

组织成熟度主要指组织是否已经由前期的项目型组织或柔性组织过渡至传统的组织形态等，组织结构越稳定和传统，业务的可预测性越高。

组织影响力是指单一企业对行业的影响力。一般分为基本无影响、有些影响、较大影响和根本性影响四个层级。组织的可控性主要受组织地位和业务集中度两个方面的影响。

组织地位，主要指组织拥有的可能塑造模式的最有利的地位、资源或其他组织无可替代的优势。

业务集中度，主要指组织所涉足的领域未来是集中度高的市场，还是集中度低的市场。市场集中度越低，可控性越低；市场的集中度越高，企业便越有可能建立可控性。

业务确定性定义了组织所属业务的可预测性，业务确定性越强，预测和计划越重要，战略计划越具可行性；业务确定性越差，预测和计划便越困难，越适合在实践中形成。组织可控性定义了组织对所在行业的塑造可能性和影响力，组织可控性越高，在战略制订和决策时自主性越高；组织可控性越低，其自主性越低，越应该以应变为主。

按照以上划分维度，可以划分并形成四种比较典型的战略类型，分别是：经典参与式战略管理流程、经典自主式战略管理流程、实践参与式战略管理流程、实践自主式战略管理流程。

实际上，组织的战略管理模式是基于以上四种模式渐变发展的，因此可能存在多种战略管理实践。我们可以基于这四种典型的组合方式进行演变，去适应不同类型的企业实践（如图4-2）。

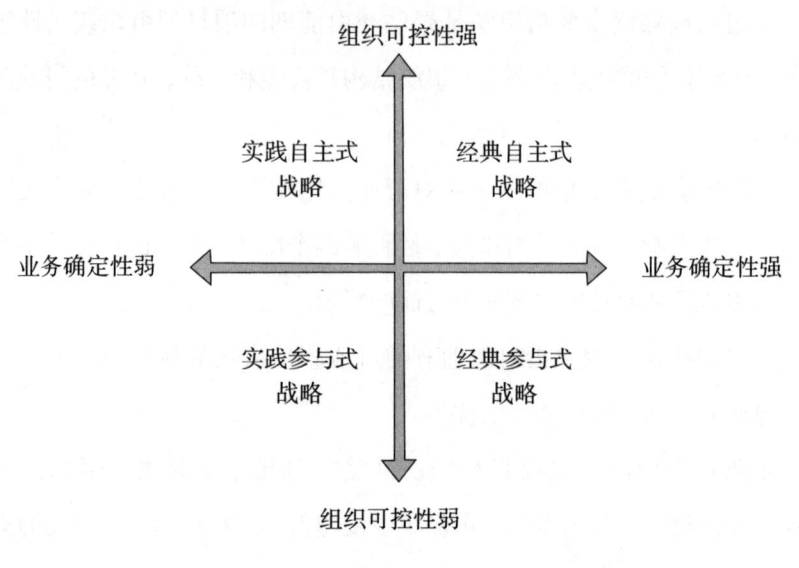

```
                    组织可控性强
                         ↑
                         │
          实践自主式      │      经典自主式
            战略         │        战略
                         │
业务确定性弱 ←───────────┼───────────→ 业务确定性强
                         │
          实践参与式      │      经典参与式
            战略         │        战略
                         │
                         ↓
                    组织可控性弱
```

图4-2　四种战略管理模式

经典参与式战略

经典参与式战略适应的场景是：行业比较稳定、业务模式比较固定、单一企业对行业没有很强的影响力。由于竞争的基础是稳定的，需求会随着经济的增长而增长，行业结构短期内一般不会发生根本的变化，优势一旦获得就会持续。企业的经营规模、产品和服务的差异化、企业的核心能力在竞争中都可能起到重要作用，成为企业竞争优势来源。相对而言，经营规模在核心竞争力中处于重要地位，规模可提供竞争壁垒，降低成本，市场份额增加意味着利润增加和持续的投资回报，因此经典参与式战略的核心是实现规模化。虽然有外部的变化，但行业结构稳定，颠覆性的变革较少发生，战略与管理的过程比较静态化。航空业、保险行业、银行业、汽车行业，使用的就是典型的参与式战略。

在行业趋势没有根本性变化的情况下，战略具有很强的可设计特征，经典参与式战略流程强调战略规划的准确性、计划的可执行性，这有助于提高企业的运行效率和竞争力。在这样的行业中，过分强调战略的简单化和敏捷化是危险的，一味地强调敏捷与变革会导致战略管理能力的降低。

航空领域是应用经典参与式战略的典型领域。航空公司的商业模式和业务流程比较固定，各大航空公司没有本质的区别，产品和服务的同类化很强。没有一个航空公司对行业有主导性的影响，商业环境的变化对某一航空公司的经营结果往往会带来较大的影响。航空公司既需要针对市场做出快速的应变，又需要进行一些重大的变革，从长远视角构建企业核心竞争力。航空业基础设施及运营成本十分高昂，规模效益明显。因此在航空业的战略管理中，应强调战略的可计划性，不可过分强调战略的灵活性，这样才能确保连续一致性，否则将失去战略的持续性。

经典参与式战略有三个比较重要的特征：

不断实现规模化是经典参与式战略的基本出发点。规模经济原理在经典型企业体现得较为充分，规模即利润和核心竞争力，企业的竞争力是建立在规模优势基础上的。

强调分析规划。由于企业的经营环境稳定、可预测，战略分析与规划在战略管理中的地位和作用被进一步强调和重视，规划一旦确定，便会被坚决地推进和执行。战略规划的严肃性在此战略流程下得以强化。

结果管理与行动管理同时兼顾。一方面业务模式稳定，专业化、标准化很强，因此执行过程通过绩效指标体系对常规性经营过程的输出结果进行控制；另一方面，由于组织结构相对固化、分工清楚，专业化分工导致的跨部门协作困难，变革难度增加，因此必须通过行动管理系统管理业务变革，实现不同部门的协作，发展核心竞争力。

经典自主式战略

经典自主式战略适应的场景是：行业形态稳定，外部环境稳定，业务模式比较固定，行业结构趋于稳定，企业进入这个领域很长时间，单个企业具有全局性的影响力，企业较少关注外部的环境变化。

国有垄断类的电网和能源生产企业是经典自主式战略组合应用的典型领域。电网企业的商业模式和业务流程稳定，单个企业具有区域或全局的影响力。企业往往基于国家经济战略目标、区域发展计划和长期经济发展趋势，制订长期发展规划。这类企业的建设与投资周期较长，固定资产投资较大，资产结构和投资规模对效益有重大影响，一般不需要随短期的形势变化而做出快速应对（事实上也不应该这样）。医院、学校等具有较高准入门槛的行业，发动机、电信运营商、轨道交通等重资产行业也有类似特征。对于这种重资产投入行业，其经营状况往往是由于多年前的资产布局决定的，在这些行业和领域，我们仍然应该强调战略的计划性。

经典自主式战略有两个比较重要的特征：

组织关注自己远重于关注环境。经典自主型企业的战略都是基于愿景和长远目标展开的，即时的环境变化并不能对它们形成较大的影响。

实施经典自主式战略的企业比较关注中长期的经济趋势和经济战略发展目标，并使企业的战略与之匹配。这类企业中，有一类是先发优势突出的企业，如通用电气的发动机业务、英特尔的CPU业务，其他企业没有几十年的积累，很难向其发起有力的挑战。这类企业会按既定的研发计划或企业战略展开实施，一般不会随便因短期的经济波动而做出重大调整。在企业战略管理中强调企业发起人的愿景、目标、计划是否得以实现，同时关注其他的相关方（如政府）的意愿是否得以实现。

执行系统以输出控制管理为核心。内部长期专门化，分工体系完整，工作规范，强调绩效指标体系，对经营过程的输出结果进行控制，传统的绩效管理方法仍然具有较强的适应性。

实践自主式战略

实践自主式战略适应的场景是：行业不稳定，由于占据某种资源优势、拥有某种能力，单一企业有可能影响全局。这种情况下企业最重要的关注点是快速实践和验证组织的商业构想，占据先得之利，构建竞争壁垒。若有相同或相似的竞争者，组织会同时关注竞争对手的商业构想设计和实现速度。"抢先从而求大"是实践自主式战略的核心主题。

大型的互联网购物网站和搜索引擎等领域是实践自主式战略的典型应用场景。互联网大型网站、搜索引擎都属于互联网的设施型业务，这种业务的商业逻辑是规模取胜，由于基础设施的建设成本可以被交易规模摊薄，在达到一定流量后边际成本几乎为0，因此一种模式基本仅存在极少的幸存者，多数时候是规模最大的一家。这种企业在有一个商业构想假定后，必须快速行动去验证构想的可行性。当商业模式一旦验证，就需要进行快速扩张，实现规模效应，构建竞争壁垒，防止潜在竞争对手进入。这种企业的规模化效应非常明显，规模领先的企业将在竞争中最终取胜。

为了抢占先机，迅速开始规模化的道路，有时候市场不允许企业经过充分的商业模式验证才开始扩张，所以很多互联网企业都信奉"因为相信，所以看见"。因为如果真的看见，就已经晚了。但这种抢先，如果控制不好，就可能走上另外一种极端，这就是所谓的"蒙眼狂奔"，如乐视网、瑞幸咖啡、摩拜单车。乐视网是同时在汽车、视频、电视、手机、内容、体育等六个生态领域展开多元化狂奔，每个领域都有强有力的竞争对手，乐视都不是第一，每个领域都需要极大的现金流。以汽车领域为例，200亿人民币投资只是起步价，这种狂奔的结果必然导致崩溃。瑞幸咖啡、摩拜单车则属于不做小范围商业验证即开始狂奔的典型。

如果做不到"极快"从而做到"最大"，就有可能给市场首位的企业打工。我们在互联网行业经常能够看到，当市场上出现了一种新的商业模式或者新的产品被用户所认可，就立刻会有处于互联网行业流量顶端的一些"大厂"推出类似的功能。而由于"大厂"具有无可比拟的资本与流量优势，新兴企业往往难以从竞争中胜出。有时候这类创新型企业最好的结局就是建立一个难以让"大厂"们快速复制的优势，然后被"招安"。

实践自主式战略有三个比较重要的特征：
以商业模式实践与验证为核心。以商业构想为核心，快速行动，快速成功，快速失败，快速调整，构想与行动迭代，战略与执行间没有清晰分隔。对于实践自主式战略，相对计划性而言，企业更强调敏捷性，战略制订与执行的边界不清晰，并且会反复迭代。在符合时代趋势的前提下，在战略制订上强调以我为主和"人定胜天"。

抢占先机构建规模壁垒。强调自我商业构想的实现程度，在商业模式验证之后以最快的速度扩张规模，构建竞争壁垒。有时候为了快速实现规模，甚至需要一边验证商业模式一边扩张。规模领先的思维在此类战略的制订中具有决定性的作用。

强调行动控制系统。强调行动控制系统的调节作用，通过关键行动管理，实现高效协作的及时响应，仅实施输出结果控制已经不能满足战略快速迭代的要求。

实践参与式战略

实践参与式战略应用的场景是：行业不稳定，一般处于发展前期，商业模式不确定，单个企业不能对全局有影响力，行业市场集中度不高。企业的目标是初期项目取得成功，扎实地在细分市场上纵向发展，适度地发展规模，在某一细分领域取得竞争优势并维持长期生存和发展。

比如互联网医疗行业，对于用户来说，最重要的资源是资深的专家主任。如果只是把优质的医生资源搬到互联网上，仅仅提供了一定程度的便利性，却没有改变资深专家稀缺的主要矛盾。资金、流量在这个领域都无法对商业模式产生根本性的放大作用，所以这种领域的规模化效应不明显，在这个行业难以形成一家独大的局面。

这些行业的管理者要做的就是踏踏实实地通过项目化取得初步成功，然后通过纵深化发展，建立细分领域的竞争壁垒，从而在市场上取得一席之地。同理，互联网咨询、互联网餐厅都没有从根本上重塑行业核心价值，影响行业规模化的原有瓶颈也没有克服。创业者一定要看清楚商业本质，不要走实践自主式战略狂奔的道路。

实践参与式战略有两个比较重要的特征：

强调聚焦与深化。实践参与式战略内外部皆有较高的灵活性，既关注自身能力，也关注外部变化，不能也没有必要像实践自主式战略那样狂奔。在前期项目成功后，一般聚焦细分领域，建立竞争壁垒，进入经典参与型战略流程。

强调行动控制系统的调节作用。一般通过项目管理，实现高效协作，及时响应。企业通过行动系统，实现快速的商业验证。同时由于没有很强的规模化效应，其在战略上的紧迫性并不明显，并不需要蒙眼狂奔。

虽然企业的四种战略类型对应四种不同的战略管理思想和管理方式，但四种不同的战略类型的边界未必区别得那么清楚，而且有时候可能需要相互切换。

三种基本战略管理流程

企业应该根据自己的业务形态和所处的发展阶段，决定自己的战略管理模式，并匹配相应的战略管理流程，这是强化战略管理能力的基础。企业的战略管理流程有三种基本的样式，这三种基本的样式反映了战略的可预测性和计划性的变化。

第一种战略管理流程是"经典自主式"的战略管理流程,这种流程比较适合经典自主式战略,适应于经营环境可预测、企业具有掌控力的情形。这个流程强调以我为主,关注长期环境,不关注短期环境,强调战略的可设计性,战略与执行的边界清晰,战略与执行的节奏井然有序。

这种情况下的战略管理流程如图4-3:

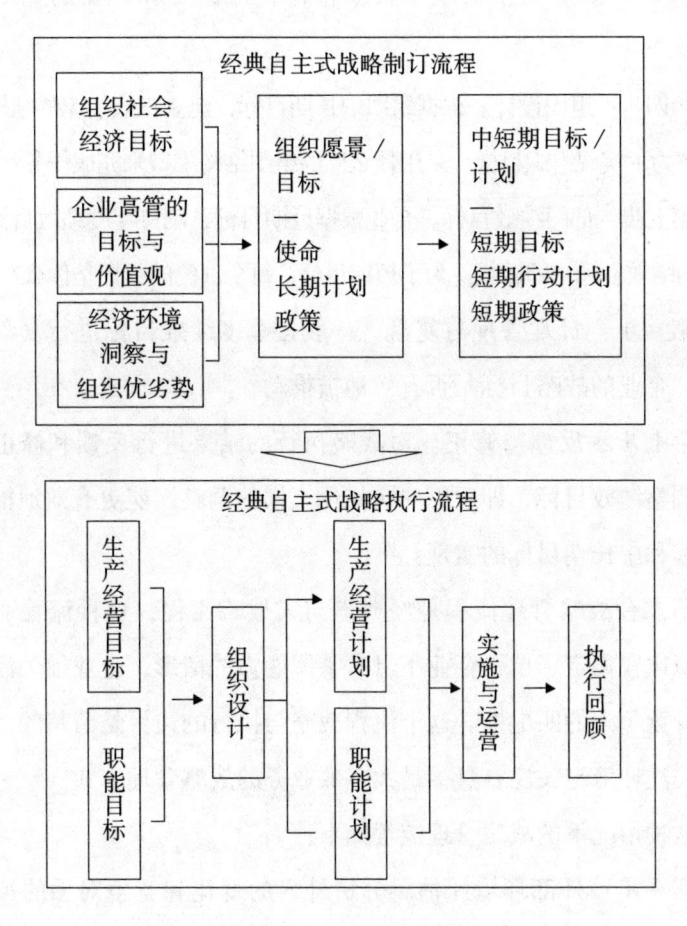

图4-3 经典自主式战略管理流程

第一步：综合分析经济发展趋势、国民经济与社会发展目标、企业发起者的意图、组织的优劣势，确定组织定位、使命和愿景，即"考虑到经济趋势和发起者的意图，结合组织现状，组织的使命和愿景是什么？"

第二步：确定中长期目标。基于组织的使命、愿景，设计组织的中长期战略目标，即思考"实现了中长期的什么目标，才能实现企业的愿景？"

第三步：确定近期目标。基于中长期目标，确定组织的近期目标，即明确"为了实现中长期目标，最重要和现实的短期目标是什么？"

第四步：组织设计。根据组织中长期目标，建立正式组织的结构，即设计"为了实现组织目标，采用什么样的组织结构阵型来完成任务？"

第五步：部门绩效目标。企业根据近期目标，制订年度绩效目标和各部门的绩效目标，即转化"为了短期目标，每个部门的目标是什么？"

第六步：日常管理与复盘。一般按季度绩效目标进行复盘，即监控"企业的战略目标是否有效地被推动？"

第七步：反馈与修正。对战略执行的结果进行反馈和修正，必要时调整绩效目标，即反思"实施什么样的调整，能更有效地推动短期目标和中长期目标的实现？"

第二种战略管理流程是经典参与式战略流程，这种流程适应经营环境比较稳定、单一企业不具有掌握能力的情形，企业须关注环境和自身竞争力的匹配性。这个流程战略与执行的边界是清楚的，组织同时关注环境与关注自身，是大多数业务的战略管理方式。

这种情况下的战略管理流程如下：

第一步：外部环境评估。分析外界的变化和竞争对手的策略，即觉察"外部环境发生了什么重大变化？"

第二步：内部优势评估。分析组织的优势和劣势，即思考"我们有什么能够抓住机遇的优势？"

第三步：确定创新焦点。明确组织未来的策略和创新方向，即抉择"权衡机会与优势之后，在哪里创新？组织的意图和策略是什么？"

第四步：明确组织目标。即组织未来三至五年的战略目标，澄清"实现了战略意图后，成功的样子是什么？"

第五步：确定战略关键行动。一般按年度确定组织的重大变革行动，并形成行动方案，即转化"为了实现战略意图，今年应该采取怎样的行动最有效？"

第六步：组织设计。根据组织中长期目标，建立正式组织的结构，即设计"为了实现组织目标，采用什么样的组织结构阵型完成任务？"

第七步：确定绩效目标。一般按年度明确组织的绩效目标，并层层分解成下级部门的指标，即明确"为了实现战略意图，组织的绩效目标应该怎样建立和分解？"

第八步：日常管理与复盘。一般按季度对战略关键行动和绩效目标进行复盘，即监控"目标和关键行动是否有效地被推动？"

第九步：反馈与修正。对战略执行的结果进行反馈和修正，必要时调整绩效目标和战略关键行动，即反思"实施什么样的调整，能更有效地推动战略意图的实现？"

第三种流程为实践式战略管理流程（如图4-4），适应于商业模式不成熟的早期市场。这个流程适合实践自主型战略与实践参与型战略，这两类战略的流程是相似的，只是执行战略的节奏和战略的思想有差异，其中实践自主式战略为追求主控地位，更加求快。这个流程的战略部分以商业模式设计为主导，通过行动系统快速执行，战略制订和执行的边界并不清晰，二者快速迭代。

这种情况的战略管理流程如下：

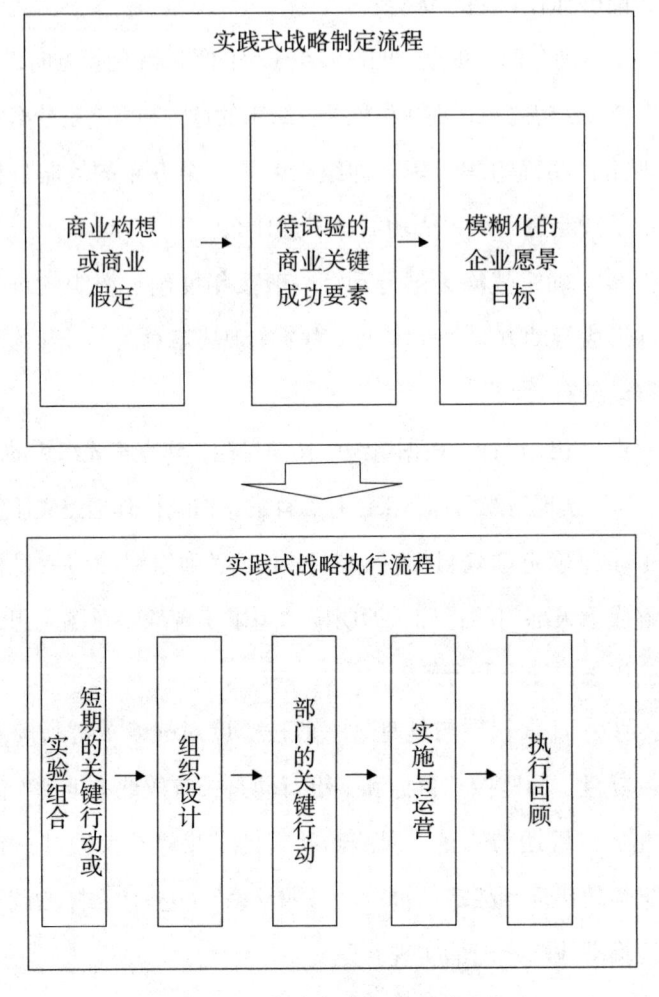

```
┌─────────────────────────────────────────────────┐
│              实践式战略制定流程                    │
│                                                 │
│   ┌────────┐      ┌────────┐      ┌────────┐   │
│   │ 商业构想│      │ 待试验的│      │ 模糊化的│   │
│   │ 或商业 │  →  │ 商业关键│  →  │ 企业愿景│   │
│   │  假定  │      │ 成功要素│      │  目标  │   │
│   └────────┘      └────────┘      └────────┘   │
└─────────────────────────────────────────────────┘
                        ⬇
┌─────────────────────────────────────────────────┐
│              实践式战略执行流程                    │
│                                                 │
│  ┌──┐   ┌──┐   ┌──┐   ┌──┐   ┌──┐             │
│  │短│   │  │   │部│   │  │   │  │             │
│  │期│   │组│   │门│   │实│   │执│             │
│  │的│   │织│   │的│   │施│   │行│             │
│  │关│→ │设│→ │关│→ │与│→ │回│             │
│  │键│   │计│   │键│   │运│   │顾│             │
│  │行│   │  │   │行│   │营│   │  │             │
│  │动│   │  │   │动│   │  │   │  │             │
│  │或│   │  │   │  │   │  │   │  │             │
│  │实│   │  │   │  │   │  │   │  │             │
│  │验│   │  │   │  │   │  │   │  │             │
│  │组│   │  │   │  │   │  │   │  │             │
│  │合│   │  │   │  │   │  │   │  │             │
│  └──┘   └──┘   └──┘   └──┘   └──┘             │
└─────────────────────────────────────────────────┘
```

图4-4 实践式战略管理流程

第一步：基于商业环境的变化，产生商业构想。基于一个大趋势判断，组织产生一个商业想法，即畅想"未来会发生什么，可能存在什么样的商业机会？"

第二步：探索关键成功要素。基于设计模式和商业构想，确定这个商业构想的关键成功因素和关键商业活动，即探索"具备什么商业关键因素，我有可能完成梦想？"

第三步：产生模糊的愿景。对未来的成功样子有大致的轮廓，但也有很多不清晰的地方，战略在朦朦胧胧的状态，即仰望"实现了商业构想，我大致是个什么样子呢？"

第四步：确定短线的行动方案。明确短期的试验组合或关键行动，并明确其目标，即转化"做什么实验或采取什么行动，能最有效地推动商业构想，其根本意图是什么，如何衡量？"

第五步：组织设计。根据组织试验组合和关键行动，建立正式组织的结构，即设计"为了推动关键行动和试验组合，采用什么样的组织结构阵型完成任务？"

第六步：日常管理与复盘。一般按月度或季度对战略关键行动和绩效进行复盘，即监控"关键行动或试验组合是否有效地被推动？"

第七步：反馈与修正。对战略执行的结果进行反馈和修正，即反思"实施什么样的调整，能更有效地推进商业构想的实现？"

这种情况的战略管理流程到中后期，企业有一定的成熟度后，会有一定程度的调整，可能增加绩效指标控制系统。

组织在匹配战略管理流程的时候，经常出现错配现象。最主要的三种错配如下：

自主性的错配：参与型经典战略采用自主型经典战略流程，或参与型实践战略采用自主型实践战略流程，无论是过分地强调组织外部环境的影响力，还是过分低估外部环境变化对企业的影响，都是有害的。过分强调环境的影响性就会失去自主性，陷入毫无意义的徘徊和观望；过分强调自控性，就会过于相信人定胜天，从而犯下冒进的错误。

计划性的错配：对于变化较快的业务，使用经典式的战略管理流程，导致业务的灵活性下降，组织僵硬，难以变通；而对经典型业务，采用实践式战略，会导致组织没有一致性，变化无常，执行效率低下。

控制系统的错配：常犯的错误是对于要求快速行动的组织，仍然使用绩效控制系统实施战略执行管理，对组织的协同性、行动的快速性带来较大的挑战。

四种战略类型和三种战略管理流程在同一组织中可以组合使用。如在传统型业务使用经典式战略，在创新业务中使用实践式战略。当创新业务发展到一定程度，行业结构稳定后，转变成经典式战略。

企业应该根据自己的业务形态和所处的发展阶段，决定自己的战略管理模式，并匹配不同的流程，这是强化战略管理能力的基础。企业也可以上述四种基本战略类型和三种基本战略管理流程为基础，组合并制订出适合自己的战略管理流程，并以此为基础建立战略管理系统。

第二部分

组织战略的构建

第五章
环境洞察与分析

商业环境波谲云诡,组织越来越需要频繁地环顾企业的经营环境,并采取与之相适应的行动,走出个人和组织的心理舒适区。战略制订的过程实际是对外部环境的反应,因此外界环境发生变化时,组织须及时应对这种变化,并做出战略调整。

我们看一下最近20年全球前十大市值企业的排名变化(见下表),就会更加直观地感受到这种变化。

企业市值排名	2000年	2010年	2019年
第一名	微软	中国石油	苹果
第二名	通用电气	埃克森美孚	微软
第三名	日本电信电话公司	微软	亚马逊
第四名	思科	中国工商银行	谷歌
第五名	沃尔玛	沃尔玛	脸书
第六名	英特尔	中国建设银行	伯克希尔

（续表）

第七名	日本电信电话公司	必和必拓	阿里巴巴
第八名	埃克森美孚	汇丰银行	腾讯
第九名	朗讯	巴西国家石油	强生
第十名	德国电信	苹果	摩根大通

2000年的全球十大市值公司只有3家进入了2010年的十大市值排名榜，而到2019年排名榜上仅留下一家企业。行业分布也由以传统的制造、能源、金融行业为主全面转为以IT和互联网为主。全球市值排名前10名公司的名单变迁，深刻地反映了过去20年全球经济的剧烈变化。

今天的世界仿佛踩着风火轮在前进，企业对外部环境的感知和接受能力从来没有像今天这样面临如此重大的挑战。当变化成为一种必然，拥抱变化，感受未来，远离舒适区，就成为一种必须的选择。

环境洞察是战略制订的基础，环境洞察的质量决定战略制订的水平。任何企业战略都是以一定的环境假定为基础的，组织必须识别经营环境中发生的必须应对的重大变化，通过打造组织能力去匹配和适应企业外部经营环境的重大变化。宏观环境的任何一个细小的变化，对于企业经营的影响往往都是根本性的。

2010年，国内某企业生产制造支持系统软件提供商对生产制造管理系统的判断是：行业处于高速增长的态势，未来仍会有10年左右的高速增长期。基于这样一个市场洞察，为了应对这10年的快速成长，企业决定人员由5000人扩张至10000人，在全国成立100家分公司。2011年，该公司进入了大面积招聘和开办分公司阶段。但一年多下来，开办的几十家分公司只有三分之一左右赢利，业绩增长完全不符合预期。该公司又快速裁人，裁撤分公司，3年多的时间，战略上基本处于拉抽屉状态。初步估算，扩张和合并导致的财务成本保守估计达2亿~3亿元。可见，企业对环境洞察的一个失误，会给企业带来多大的损失。

一般情况下，组织的环境分析流程如下：

第一步：环境信息收集。收集政治、经济、社会、技术领域的重大变化和客户、竞争对手的变化，即收集"经营环境中发生了哪些不得不应对的重大变化？"

第二步：市场机遇分析。利用SWOT等工具分析市场中发生的变化，并确定这些变化的性质，即判断"这些变化对组织来说，是机遇，还是威胁？"

第三步：组织的优势和劣势分析。针对机遇和威胁，识别组织的优势与劣势，即进一步判断"针对机遇和威胁，哪些是组织真正的核心竞争力？"

第四步：筛选重大机遇。权衡组织优劣势，筛选出核心关键机遇和威胁，即筛选"哪些是组织想真正抓住的关键机遇和必须应对的威胁？"

商业环境洞察与分析流程如图5-1：

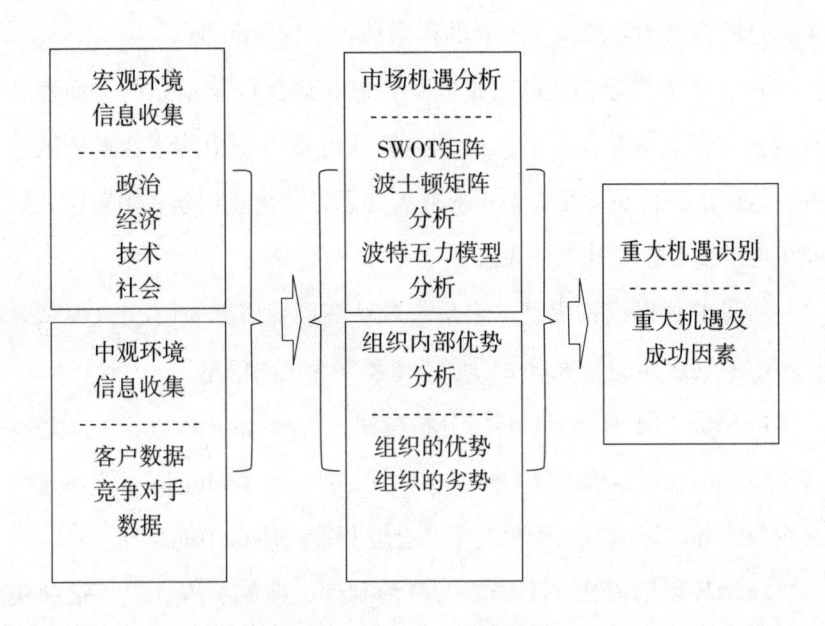

图5-1　商业环境洞察与分析流程

环境信息的采集

几乎所有组织在战略制订实施与变革过程中，都要对关键的信息进行感知、解读并采取行动。优秀的企业往往非常擅长识别和运用能够创造组织优势的机遇信息，并利用这些信息在千变万化的市场中取胜。

互联网、人工智能、云计算、大数据等数字化领域的创新和发展，使人们获取信息的方式也发生了根本性的变革。组织需要管理环境界面的变化，评估这些信息的重要性，将信息导入企业，分析与发现众多信息的规律，将关键的信息分享到组织中去，并使用信息做出行动。企业须定期对所处商业环境的信息进行全方位的收集。战略相关信息的搜索主要取决于平时的积累和有意识的准备。

企业必须构建相应的数据收集机制，确保收集信息的全面性和有效性。负责收集信息的人，须具备从海量市场中搜集数据的敏感性，这种敏感性更多是来源于对业务的思考，信息搜索者须对信息以及可能的商务影响建立联系。

常见的数据结构模型一般是宏观经济环境信息采用PEST模型，再考虑中观层面的竞争对手的信息和客户变化的信息。

PEST是企业所处宏观环境分析模型，P是政治（Politics）、E是经济（Economy）、S是社会（Society）、T是技术（Technology）。这些是企业的外部环境，一般情况下，企业只能适应，不能掌控。

政治环境因素指一个国家的政治制度、体制、方针、政策和法律法规方面的变化，如政治动乱以及法律法规、税收政策、经济开放和管制政策、贸易政策变化等。政治环境因素一般情况下较难预测，一旦发生，往往对企业经营有根本性的影响。

经济因素是指国民经济发展的总概况，是企业收集战略数据的重点。一般包括社会经济结构（产业结构、消费结构、分配结构），经济发展水平（发展规模、速度和水平），经济体制，宏观经济政策（主要指产业政策），当前经济发展情况和其他经济要素情况（利率、通货膨胀率、人均就业率等）。

社会环境因素主要指一定时期整个社会发展的一般状况。一般包括人口变动趋势、社会流动性特征、消费者心理特征、生活方式变化、文化与价值观变化等。

技术环境因素主要是指社会技术总体水平及变化趋势，技术变迁、技术突破，以及对企业、政治、经济社会的影响等。科技不仅是全球化的驱动力，也是企业的竞争优势所在。企业在战略制订时的关注点在技术对产品和服务成本的影响、对产品创新的影响、对销售和客户接触渠道的影响、对生产方式和交付方式等的影响。

竞争环境因素主要指对竞争对手的现状和未来动向进行分析。一般包括识别现有的直接竞争者和潜在竞争者，收集与竞争者有关的情报和数据，对竞争者的战略意图和各层面的战略进行分析，识别竞争者的长处和短处，洞察竞争对手在未来可能采用的战略和可能做出的竞争反应等。

客户层面因素主要指各种关于客户的客户特征、需求变化、客户价值方面的信息，主要涉及客户分类、客户价值、客户需求、购买过程和习惯、决策流程与影响、购买渠道等。

趋势分析与整理

企业在进行环境信息整理时，最经常使用的工具是SWOT矩阵，有些时候也会应用到TOWS（道斯）矩阵（在SWOT矩阵中加入优势和劣势，并与机遇和威胁进行匹配的一种战略管理工具）。

SWOT分析法从20世纪八九十年代诞生以来，被广泛应用于企业战略与竞争的态势分析中。然而最近几年却不断地出现质疑的声音，关于SWOT矩阵的使用方法和使用范围一直存在较大争议。很多使用者指出：使用SWOT法不过是得出了一串长长的清单，没有指出优先度，也不能对相应的组合给出建议。

使用者对SWOT工具的诟病主要体现在以下两个方面：

标准过于宽泛：SWOT工具过于宽泛，工具使用者无法区别哪些信息应该进入SWOT矩阵，哪些信息不应该进入，无论是重要性，还是颗粒度，都较难判断。

无优先评级：SWOT矩阵没有优先级评估，所有信息都是平行的，使用者不能够评估哪些机遇和威胁是该优先应对的，哪些可能只需要关注，哪些甚至不需要应对。大部分SWOT表格只不过是罗列了一长串的信息清单。

事实上，发生这样的问题并不是SWOT工具本身的问题，而是使用者没有很好地掌握工具的使用技巧。通过一定的技巧完全可以避免SWOT工具使用过程中出现的问题。为了让SWOT工具发挥最好的效果，在使用SWOT矩阵进行信息搜集的时候需要按照"采用结构化的描述格式—对进入矩阵的信息进行过滤—重要性与优先性评估"三个步骤展开。

采用结构化的描述格式

为了确保进入SWOT工具的信息的有效性，提高信息整理质量，建议进入SWOT的信息按以下信息格式进行描述。

格式：

发生什么：对现象的客观描述；

导致了什么：导致市场（市场容量、成长性、利润率、竞争程度、新兴市场）发生了什么变化；

是机遇还是威胁：机遇大于威胁，还是威胁大于机遇？

应用举例：

发生了：对××传统型商务酒店而言，"90后"将在5年后成为消费主力，其市场份额大约占到整体市场份额的30%；

导致了："90后"喜欢的酒店产品（社交、现代、网络、时尚）与当时主流产品有显著不同；

机遇/威胁：这个变化对××公司来说威胁大于机遇。

对进入矩阵的信息进行过滤

一是影响性过滤。把非直接原因过滤，避免一个重大变化的若干间接因素同时出现在SWOT矩阵中。

二是重要性过滤。通过环境发展趋势对市场容量、成长性、利润率、竞争程度、新兴市场的描述，让使用者实际上对机遇/威胁的影响程度和优先性做了评定。

如"政府发布了某个文件法规""行业出现了某个安全事故""某非洲国家政府发生了政变"，这三个信息是不是应同时出现在SWOT矩阵中呢？实操中比较难做出判断。

首先，这几个信息可能不是影响市场容量、成长性、利润率、竞争程度、新兴市场变化的直接原因，而只是两个独立的事件或者是间接因素；其次，这几个趋势可能导致的是一个市场变化，没有必要同时出现。采用了这个描述格式后就可以有效甄别和避免以上两种情况。以上信息经过规范化整理后，结果如下：

趋势一：行业出现了某个安全事故，导致安全自动化软件的需求快速增长，预计国内市场至少会有30%的增长幅度。

趋势二：政府出台了法律法规，要求必须提高安全自动化管理水平，导致安全自动化管理软件需求快速增长，预计国内市场至少会有30%的增长幅度。

趋势三：某非洲国家发生政变，安全部门领导人更换，他更倾向于我们的竞争对手，我们在某国的业绩可能有较大影响，预计业绩可能降低50%。

通过这样的描述，可以看出前两个趋势导致了一个重大的变化，可以合并描述为"安全领域的需求受外界影响激增，预计至少保持30%的增长幅度"。

整合后形成两个趋势：

趋势一：行业出现了某个安全事故，导致安全自动化软件的需求快速增长，预计国内市场至少有30%的增长幅度。

趋势二：某非洲国家发生政变，安全部门领导人更换，他更倾向于我们的竞争对手，我们在某国的业绩可能受到较大影响，预计该国业绩可能降低50%。

如上述例子中，通过结果描述可以知道，趋势一是个重大的变化，而趋势二可能是个小的变化，只要在经营措施里采取对策就可以了，没有必要在战略上应付。

重要性和优先性评估

在过滤掉一些冗余信息之后，需要对剩下的信息根据其重要性和优先性进行排序，对市场影响力和企业影响力两个维度进行重要评估，帮助组织甄别哪些趋势更加重要，而哪些趋势不那么重要。

评估维度	影响指标	影响程度			
		没有影响	少许影响	较大影响	根本影响
行业影响力	1.市场容量影响 2.市场增长影响 3.利润率影响程度 4.竞争激烈程度 5.产品价值影响 6.营销模式影响				
公司影响力	1.公司份额影响 2.利润率影响 3.产品竞争力影响				

竞争优势与劣势分析

组织在明确了需要应对的外界变化后，需要进行内部环境分析，确定组织的优势和劣势，以匹配可能的环境变化。使用者往往错误地识别了优势和劣势。

很多人都听过"勇敢的牧童大卫"的故事。凶恶的非利士人来攻打以色列，索罗王率领军队和非利士人对抗，大卫的哥哥们也被征召去打仗。大卫给哥哥们去送饼的时候，看见大力士歌利亚对着以色列军队大声叫嚷："你们谁敢出来和我打？不然的话，你们就全部做我们的奴隶。"

以色列人看着歌利亚，没有一个人敢出去。只有大卫说："神助以色列！"大卫说完，带着弹弓跑出去迎战。身穿铠甲的大力士歌利亚看到出来迎战的是一个小男孩，连盔甲都没有穿，忍不住笑了起来。大卫拉紧了弹弓，"咻"的一声，石头打中了歌利亚的额头。所有的人都吓呆了，小大卫居然打败了歌利亚。

在大卫和歌利亚的战斗中，看起来好像是歌利亚具备绝对的优势。他身强力壮，具有丰富的战斗经验，还穿着坚固的铠甲。而大卫从来没有上过战场，身体单薄，不仅没有铠甲，甚至没有像样的武器。

然而，当我们转换视角，就会发现面对歌利亚，大卫的弱势恰恰是优势。歌利亚当时已经是举世闻名的大力士，另一个大力士对于他来讲不一定会成为挑战，但是大卫瘦小的身体恰恰具备歌利亚所不具备的敏捷灵活。尤其是歌利亚身着笨重的铠甲，大卫的优势更加明显。大卫的武器是弹弓，可以远距离攻击歌利亚没有被盔甲覆盖的额头，而因为攻击距离很远，歌利亚的铁拳也毫无用处。

在这个故事中，身处劣势的大卫击败了占尽优势的歌利亚，虽然童话故事想要告诉我们这是上帝的神迹或者是信仰的力量，但是我们用理智的眼光也可以看出，大卫很好地利用了自己的优势并取得了胜利。

类似这样的事情时有发生，由于人们看问题的视角不同，而造成了优劣势的倒错，基于此制订的战略也一定有很大的问题。那么到底如何识别组织的优势呢？组织优势应该符合以下三条要求：

一是难模仿性：战略优势不是自说自话，应该是站在行业视角的客观判断，是业内的共识，和竞争对手有明显的差异化，并且竞争对手很难模仿和超越。很多使用者经常想象出各种优势，而这些优势往往站不住脚，其中技术或专业优势往往每次都被选中。

二是关联商业关键成功因素：必须与关键成功因素有关系，能够有效促进商业模式中的关键成功因素的改进，能够给客户创造价值。

三是有利于抓住机会或应对威胁：优势是相对机遇或威胁而言的，与抓住某个机遇或应对某个威胁相关。离开了特定的机会和威胁，空谈优势和劣势并无意义。组织的某些特征对于某个机遇而言是一种优势，对于另一种机遇而言，就有可能是劣势。

既然机会是针对特定机遇和威胁而言的，在使用SWOT工具时，应该针对每个机遇和威胁识别相应的优劣和劣势。许多使用者没有将优势、劣势与特定的机遇和威胁建立联系，造成了分析的谬误。

机会匹配与筛选

很多人都把SWOT工具用错，把它当作分析工具。事实上SWOT只是一个信息整理和帮助筛选的工具。信息整理和帮助筛选是一回事，决策是另外一件事情。任何依据SWOT工具和TOWS工具进行决策的想法都是鲁莽的，也是不可靠的。

SOWT矩阵的基本原理是用组织的优势与商业环境中的机会和威胁相匹配。基本的匹配原则如图5-2：

	内部	
	优势	劣势
外部 机会	优势×机会： 积极攻势	劣势×机会： 弱点强化
外部 威胁	优势×威胁： 差别化	劣势×威胁： 防卫/撤退

图5-2 TOWS矩阵

机会与优势组合可得出"积极攻势"提案，即利用组织的优势去抓住市场的机会。

机会与劣势组合可得出"弱点强化"提案，即改进组织的劣势去抓住市场的机会。

威胁与优势组合可得出"差别化"提案，即运用组织的优势去消除可能存在的威胁。

威胁与劣势组合可得出"防卫/撤退"提案，即采用撤退或多元化的方法回避威胁。

某广告会展公司经过对外部环境的整理，组织内部达成如下共识：

一是国际型的政府会议在未来会迎来高速发展的机遇，可能形成100亿元市场规模，预计年增长率在30%以上。

二是互联网领域仍处于高速增长状态，市场规模将有50%左右的增长。

针对这两个机会，企业内部讨论时，提出了4条优势：

①央企背景和资信；

②在广告领域有技术优势；

③在互联网领域有一定的经验和成功案例；

④会展领域市场地位第一，有多个大型会展经验。

匹配分析：

对于进军政府领域的国内或国际大会展广告这个机遇，只有①、④条可以称之为优势。对于政府客户而言，央企背景是对企业信用和能力非常有力的背书，同时也是竞争对手不具备的；会展领域的市场地位和影响力以及大型会展经验，对于开拓政府会展领域市场也是重要的优势；广告会展领域并没有很强的技术壁垒，被津津乐道的广告领域技术优势，其实并不存在；对于政府客户来说，互联网行业的经验也没有什么用处。因此利用①、④这个优势是有较大的概率抓住国际会议高速发展的市场机会的，就是积极攻势方案。

对于高增长的互联网领域来说，企业虽然有一定的经验，但是这种优势没有独特性和差异性，不能算是核心优势，因此必须创造新的优势抓住机遇，如引入互联网专业的营销策略团队、建立专门机构经营或基于互联网场景研发产品和解决方案等，就是弱点强化方案。

第六章
管理业务组合与生态

最近几年,"生态系统"这个词越来越多地被提到。"生态系统"本来是指生物与环境构成的统一整体。在这个统一整体中,生物与环境之间相互影响、相互制约,并在一定时期内处于相对稳定的动态平衡状态。管理业务生态就是管理组织内不同业务单元之间的关系,使组织的生态系统得以健康稳定地发展。

好的业务生态不是简单的业务堆砌,而应该像生态农业一样,相互融合、互补和养成。在稻作—畜产—水产三位一体型农业生态中,种植水稻的早期开始养鸡鸭,禾苗长大后,田中出现的昆虫、杂草等为鸡鸭提供饲料,动物的粪便可作禾苗的肥料,又可为水田中的红线虫、蚯蚓、水蚤及浮游生物提供食物来源,同时又给鱼等提供饵料,从而实现生态循环。

业务生态规划在企业战略制订中占有突出的地位,选择和确定业务组合是战略的核心议题,战略是不同时空里ROI(投入产出比)最高的策略。其中,空间有多个含义,不同的地区、不同的产品、不同的业务都是战略的时空;虽然在不同的时空里,ROI是不容易量化的，但是站在"上帝视角"来看，ROI是客观存在的，只是人类无法计算而已；策略则是由形成策略决策的商业洞察和匹配商业洞察的行动方案组成。

在实际战略决策中，业务组合问题又可以分为三个方面：

一是相互没有关联的业务投资组合方式；

二是具有关联关系的业务投资组合方式；

三是关于产品的投资组合方式。

企业要正确处理不同业务和产品的组合关系，确保核心业务为企业提供现金流和利润，成长性业务为企业提供增长点，通过创新业务进行与市场同步的商业试验，为更远的未来准备增长点。

华为公司一直非常重视其业务组合，华为现在有三大业务领域——运营商业务、企业业务、消费者业务，运营商业务是核心业务，消费者业务正由成长业务进入核心业务，企业业务正担负起华为未来的业务增长点。而联想公司除了PC核心业务已经进入成熟阶段，成长性业务和创新性业务探索方面均没有取得有效的进展，未来的增长空间并不乐观。企业经营者必须十分重视和处理业务组合，时时进行与试验同步的业务试验，确保核心业务、成长性业务、创新性业务三者的合理组合，套用一句俗话就是："吃着碗里的，看着锅里的，想着田里的。"

管理独立业务组合

基于环境分析的结果，组织需要对不同业务和市场进行定位，以决定投资重点和方向。波士顿（BCG）矩阵（如图6-1）简单明了，可有效地解决多业务、多市场组合的投资问题。

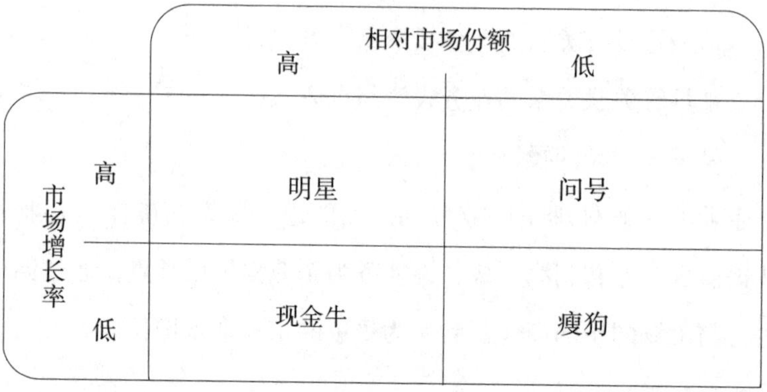

	相对市场份额	
	高	低
市场增长率 高	明星	问号
市场增长率 低	现金牛	瘦狗

图6-1　波士顿市场增长率—相对市场份额矩阵

在波士顿矩阵中，由"市场增长率"和"相对市场份额"组成了四个象限，分别被命名为"现金牛"（Cash Cow）、"明星"（Star）、"问号"（Problem Child）和"瘦狗"（Dog），形象地表明了其经营属性。将不同业务放在对应的象限中，就可以确定其经营策略。

市场增长率低而相对份额较高的业务，属于"现金牛"。这个象限的基本业务方针是维持低增长、高份额现状。基本投资方针是保留最低限度投资为其他业务提供资金来源，所以称作"现金牛"。将"现金牛"业务作为资金来源，投资给"明星"业务，同时对"问号"业务进行筛选，确定其中的重点产品，重点投入资金。"瘦狗"类业务由于处在低增长、低份额的处境，应迅速出售或撤退。

波士顿矩阵的应用范围及使用策略

波士顿矩阵是基于"经验曲线"理论基础之上的。规模效应是商业世界里的"万有引力",即卖出的商品越多,成本越低,竞争力越强,企业规模越大,进而形成正向循环。如果一个企业的某项产品或业务的市场份额是同行其他竞争者的两倍,那么该产品／业务可能有20%~30%的成本优势,足以帮助企业在"低成本竞争"战略中脱颖而出,其未来的获利能力就越强。在今天,规模优势有新的意义,不但能带来成本效应,还能带来体验效应。这就是波士顿矩阵的理论假设,并将它作为波士顿矩阵的一个维度。波士顿矩阵并不考虑不同业务的互补关系,只处理没有关系的不同业务的投资组合,因此,有时候为确保整体业务组合的合理性和竞争力,可能做出与波士顿矩阵不一样的决策。如在很多产品型的公司中,往往有咨询类的业务,如IBM、华为、GE等。咨询类的业务规模空间有限,依照波士顿矩阵分析角度,并不是一个好的业务。但咨询业务往往可以提高企业的品牌力,并为其他的业务带来机会,这时候业务的取舍就不能只考虑波士顿矩阵这一种分析维度。

管理波士顿矩阵的特殊形态

波士顿矩阵有三个特殊形态,值得特别关注。

月牙环形态(如图6-2):波士顿／GE(又称行业吸引力矩阵)矩阵中各种产品的分布呈现月牙环形,则是一种理想的形态。在这种形态下盈利大的产品不止一个,这些产品的销售收入都比较高,还有不少"明星"产品。"问号"产品和"瘦狗"产品的销售量都很少。

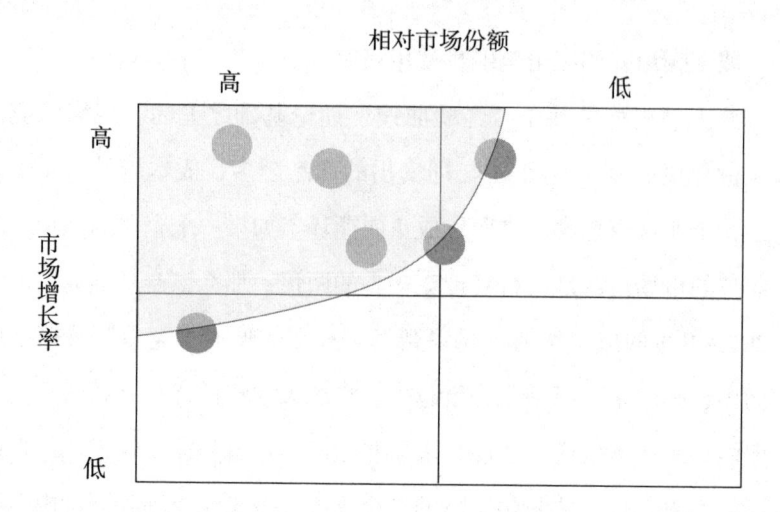

图6-2　月牙环形态的波士顿矩阵

散乱形态（如图6-3）：若产品结构呈散乱分布没有规律，或"问号"产品和"瘦狗"产品占比高呈反月环形态，说明其事业内的产品结构未规划好。企业的投资逻辑混乱，未来的经营业绩堪忧。企业需要重新梳理产品业务组合，放弃"瘦狗"业务，选择"问号"业务并重点发展。

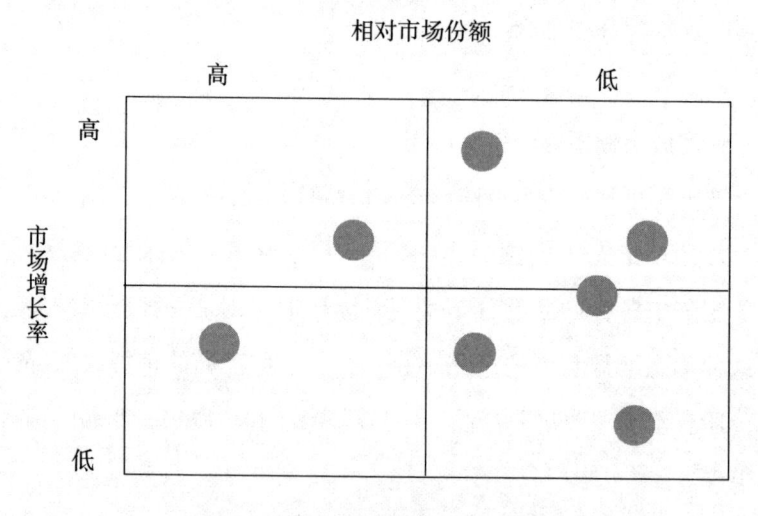

图6-3　散乱形态的波士顿矩阵

黑球形态（如图6-4）：如果在高市场吸引—高竞争定位的象限内一个产品都没有，这时候就可以用一个大黑球表示。这说明组织未来对融资的要求和现金流的需求高，经营状况恶劣。组织须严肃检讨其中可能的"现金牛"产品的演变趋势以及是否有可投资的"问号"产品；对现有产品结构进行根本性的战略调整。若有可投资的"问号"产品，则实施融资或成本节约措施；若没有，要考虑撤退，向其他事业渗透或开发新的事业。

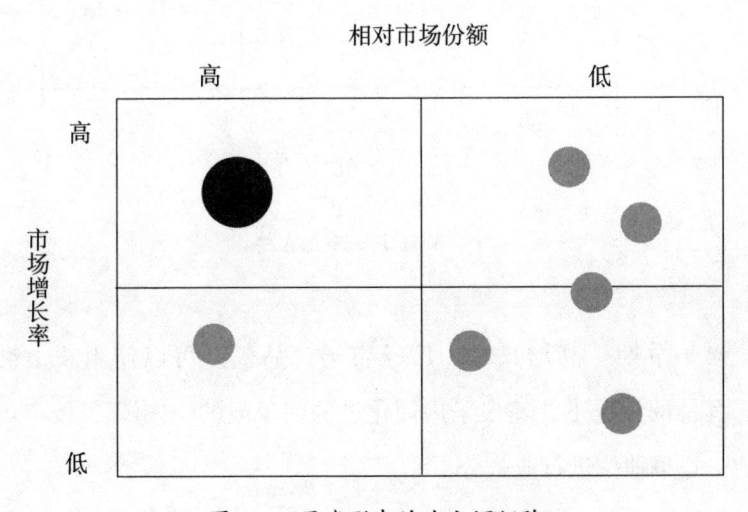

图6-4 黑球形态的波士顿矩阵

升级的业务组合管理工具GE矩阵

波士顿矩阵由于简单明了，被广泛地使用在业务组合的管理中，但是过分重视增长率和市场份额也成为波士顿矩阵的短板。越来越多的企业实践证明：利润不会随规模增长而自然出现，无利润的增长越来越常见。

为了克服波士顿矩阵的问题，美国通用电气公司研究提出GE矩阵。GE矩阵对纵轴、横轴重新进行了定义，分别为市场吸引力和竞争地位。采用九象限法，在两个坐标轴上增加了中间等级，增加了分析考虑因素，从而形成9种组合方式以及3个区域（如图6-5）。

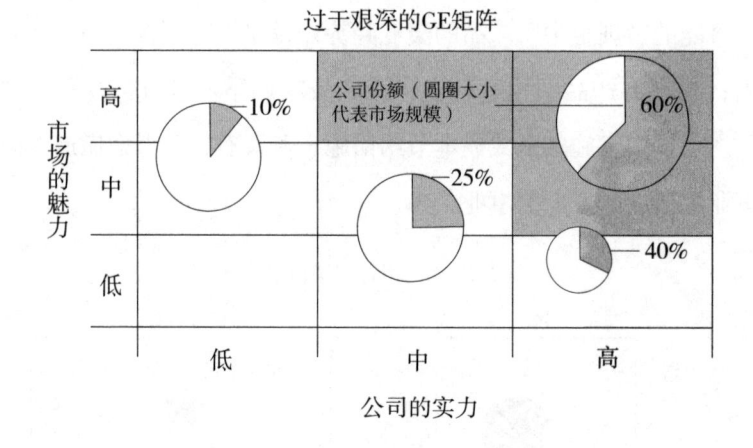

过于艰深的GE矩阵

图6-5 GE矩阵九宫格

对于早期、高增长率、广泛市场产品仍然可以使用波士顿矩阵，其他的情况下，建议采用简化过的四象限的GE矩阵，按市场吸引力—竞争地位进行业务分析。

影响行业吸引力的因素有：市场容量、市场增长率、行业竞争结构、利润率、进入壁垒、技术要求、周期性、规模经济、资金需求、环境影响、社会政治与法律因素等。

规模指标在市场吸引力判断中处于最重要的位置。如果只能看一个要素，那就是市场体量。企业必须判断市场的有效容量，有些行业注定是体量很大，但集中度不够高。这样的市场不会诞生出较大的公司。面对这样的市场细分领域，要降低规模在吸引力中的比重。

听起来非常简单，但答案却是非常难得出的。有时候这种估计会相差百倍以上。投入的合理性，取决于对市场体量的判断。如果判断对了，且尽早投入，就获得了战略先机。如果判断错了，在一个不够大的市场里投入太多钱，或者在一个足够大的市场里投入不足，都会掉到坑里。对市场体量的误判在商业史上是非常普遍的，比如IBM的总裁小沃森曾经说过：也许5台计算机就能满足全世界的需要。

影响企业竞争实力的因素有：市场占有率、制造及营销能力、研究开发能力、产品质量、价格竞争力、地理位置的优势、管理能力等。在实际使用过程中，企业往往很难确定自己的竞争位置。绝大多数情况下，企业容易高估自己的位置。为了确保客观性，我们可以以相对市场份额为主要的考虑指标。相对市场份额是企业的市场份额相对市场第一名的比例。这个指标是相对客观的，企业可以在这个指标的基础上进行微调。

组织内部一般需要通过头脑风暴的方法决定两个坐标轴的影响因素和权重，用于评价细分市场吸引力和竞争位置。

当我们完成上面的步骤以后，我们就可以对企业的业务进行细致的分析，为每个业务模块制订战略发展计划。企业可以综合考虑各个业务模块的特征，合理分配企业战略资源如何进行投入。有时候为了便于操作，企业可以将九宫格简化成四象限（如图6-6）。

波士顿矩阵/GE是企业业绩规划的有力工具，企业要根据不同业务或产品不同的位置，确定不同的业务指标和增长幅度，有时候这种增长幅度往往差异很大。企业成本和人员是根据业绩进行配置的，因此指标结构和业绩增幅从根本上决定了企业在经营过程中的资源配置。

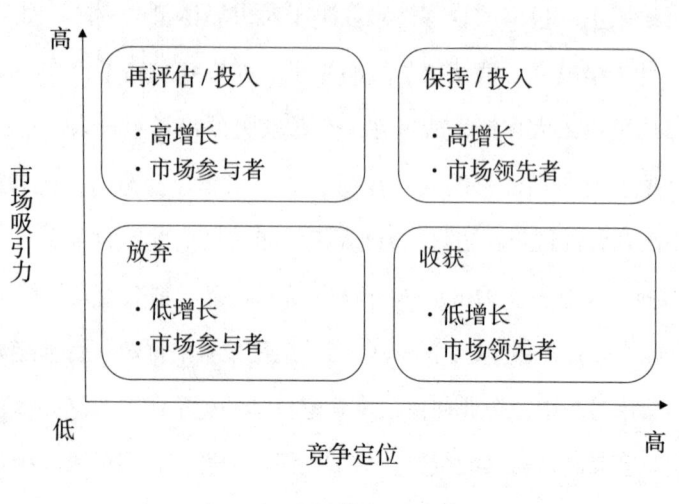

```
                  高
                ┌─────────────────┬─────────────────┐
                │  再评估／投入    │   保持／投入     │
                │  ·高增长         │   ·高增长        │
  市              │  ·市场参与者    │   ·市场领先者    │
  场              ├─────────────────┼─────────────────┤
  吸              │  放弃           │   收获          │
  引              │  ·低增长         │   ·低增长        │
  力              │  ·市场参与者    │   ·市场领先者    │
                └─────────────────┴─────────────────┘
                  低       竞争定位              高
```

图6-6 GE四象限矩阵策略

  对于市场吸引力高、优势低的产品和业务，一般情况下规模指标重于利润指标，应该给以极高的业绩增长指标压力，以尽快抓住市场出现的机会，这时候组织应该关注极高的规模增长和在波士顿／GE矩阵中的移动速率。对于市场吸引力高、有一定优势的产品和业务，往往有一定的规模，这类业务应该承担市场增长和利润贡献两方面的责任，应该同时承担较高的规模指标和利润指标。对于市场吸引力低、有优势的产品和业务，这类业务主要贡献利润，不应该再承担较高的规模增长指标，组织也不关心它在波士顿／GE矩阵中的移动速率。对于市场吸引力低、也无优势的产品和业务，这类业务属于投机性的业务，不主动投资，不承担增长和利润贡献的主要责任。

  很多企业在做GE矩阵时，经常出现各类产品和业务"糊"在一起的现象，这意味着不能实现成本在不同业务中的差别化配置，即意味着企业没有实施有效的战略。这时候必须想办法分开，必要时修改市场吸引力的指标内容或权重。

运用波士顿／GE矩阵管理业务组合

波士顿／GE矩阵的形态决定企业的经营品质，是企业经营情况的"天气预报"，能够提前预测经营结果。

以波士顿矩阵为例，正常发展态势是"问号"产品阶段—"明星"产品阶段—"现金牛"产品阶段，投资状态是纯资金耗费—投资收益共存—纯提供收益的发展过程。这一趋势移动速度的快慢反映了产品生命周期所能提供的收益规模大小。一般来说，移动速度越快，说明产品的生命周期短，则该产品为企业提供收益的总体空间小，持续时间短；反之，则说明该产品为企业提供收益的总体空间大，持续时间长。但如果产品在波士顿／GE矩阵内的移动速度过慢，在某一象限内停留时间过长，则说明该产品也可能没有很大的发展空间，当然也可能是本组织的推进能力有限。

企业经营者的任务是通过进行波士顿／GE矩阵分析，掌握产品结构的现状并预测未来市场可能的变化，进而有效地、合理地分配企业经营资源，发展组织能力，采取战略措施，推动现实的波士顿／GE矩阵形态向理想矩阵形态转变，并通过一定的措施跟踪和管理这种变化过程。

某知名公司主要面向企事业单位提供一体化展会解决方案。目前该公司的业务领域在政府、互联网、医药、大健康、快消品、汽车、制造业7个行业。

该公司分析2018年各个行业业务细分市场的行业吸引力和竞争位置，绘制业务形态图GE矩阵，如图6-7。

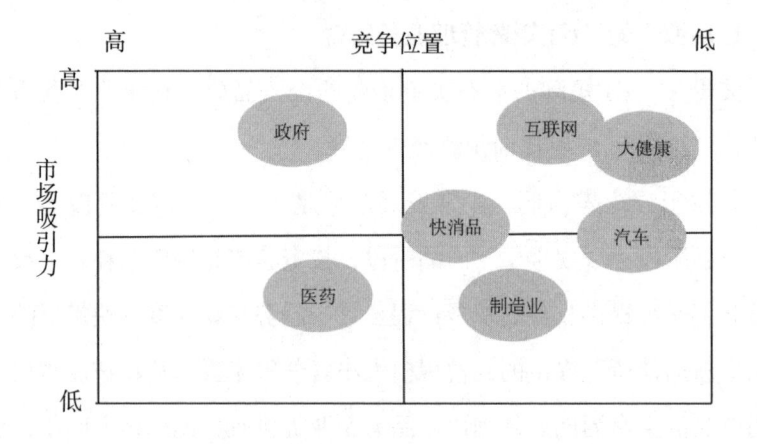

图6-7 某会展公司2018年业务形态

该公司因资本背景在政府行业具有优势地位，其业务规模和利润率均较好；互联网客户规模巨大，可望成为企业规模和利润的增长引擎；医药行业增长停滞，但有稳定的业务量；汽车行业业务量巨大，但进入壁垒较高，利润率低，目前该公司占据行业较少；快消品是该产品老业务，业务量稳定，但行业增长有限；制造业行业占比小，业务分散，利润率低，增长有限；大健康行业是可能的未来明星行业。

经过协商，公司一致决定重点成立专门部门、增加人员和技术研发力度；重点投资支持"明星"业务——政府事业部和"问号"业务——互联网事业部；谨慎地小规模投资"问号"业务——大健康事业部；医药、快消品维持原业务状态，贡献利润；裁撤合并汽车事业部和制造事业部，期望2019年的业务形态如GE矩阵图6-8。

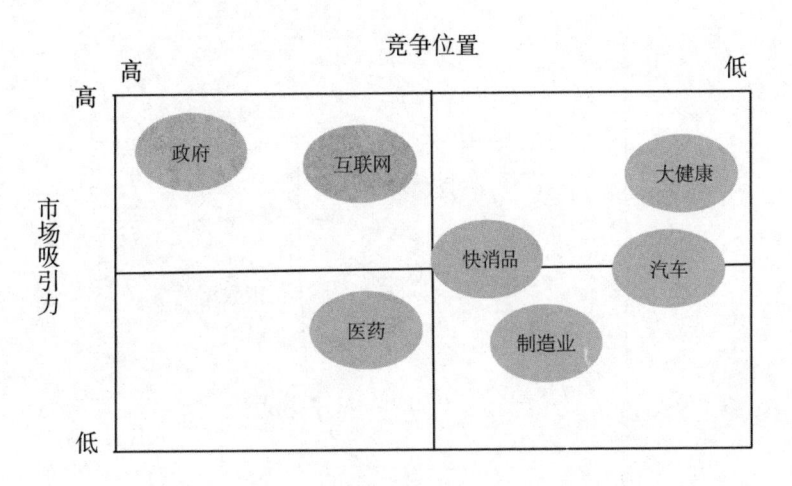

图6-8 某公司2019年业务形态

截至2019年末，该公司利润增长约35%，远高于行业8%左右的增长率水平。其中政府业务、互联网业务均维持了较高幅的增长，增长率均高于50%，其他业务基本维持了10%左右的增长。年底复盘，大家认为波士顿矩阵在业务定位和投资决策中起到了重要的决策支持作用。

影响企业投资策略的一个重要的因素是关于规模效应的判断。不同产品或业务的规模效应是不同的，企业要特别重视规模效应大的业务，并明显增加投入，尽快加大规模效应强的业务在波士顿／GE矩阵中的移动速率，否则将可能失去机会。

图6-9 规模效应曲线

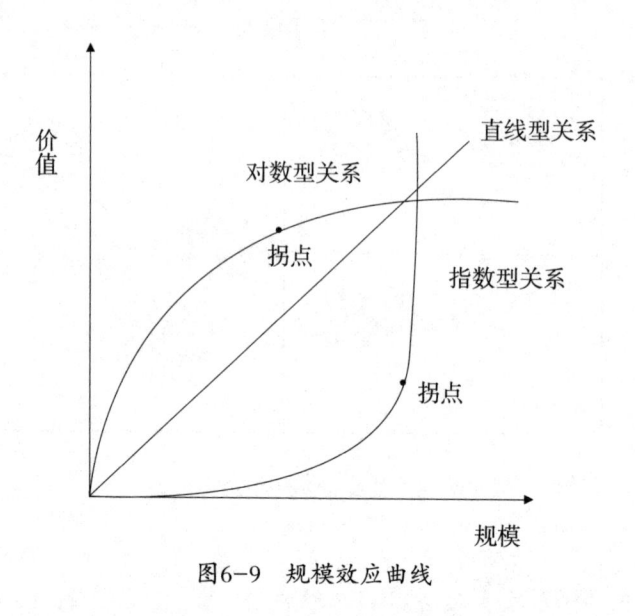

规模效应曲线一般分为三种（如图6-9），一种是直线型的增长关系，一种是指数型的增长关系，一种是对数型的增长关系。直线型的增长关系说明业务的价值增长是和规模的增长成正比的，这个业务有一定的规模效应，盈利或企业价值一般随着规模增长而增长，如传统的2B业务。指数型的增长关系，一般指业务在突破某个规模拐点以后，业务价值和盈利能力会随着规模增长呈几何级陡峭式增长，如微信，过了拐点，就会迅速跟后面的同行拉开差距，这种规模效应的领域一般只会出现并留下一家企业，因此速度至关重要。对数型的增长关系是业务的价值随着规模的增长而停滞，甚至降低，并且还可能出现反规模效应，如传统咨询业就是如此，很多咨询公司往往是规模增长，但盈利往往不增长，甚至降低。

管理关联业务组合

公司层面的业务组合设计一直是困扰经营者的难题。自20世纪世界经济出现多元化发展趋势以来，针对多元化的问题一直存在争议。20世纪80年代，彼得斯和沃特曼提出企业应以核心业务为基础发展业务，而不应进入无序多元化，以有效解决多元化的业务组合所带来的管理复杂度问题。其观点很快被多家企业和学术界认可接受。

惠廷顿和麦耶经过多年的跟踪和研究得出了相似的结论，他们指出：多元化战略最初回报确实相当不错，通过多元化集团企业的架构拓展多业务领域可能成为一条快速的致富道路，一般具有10年左右的丰收前景，其后往往有多个业务进入衰落、接管和分裂的险境。因此，他们二人提出：组织最成功的战略是相关多元化，即有限制的多元化。他们对相关多元化做了明确的规定：任何一项业务都不能占到销售额的70%，而且不同的业务在市场和技术方面具有相关性。

古尔德、坎贝尔、亚历山大等人于1995年在《公司层面战略》中提出母合优势理论，母合优势理论迅速成为集团公司处理多业务决策、设计多业务组合和收购决策的重要工具，受到企业界和学者的极大推崇。

母合优势是指在母公司的统一指挥下，业务单位会比其作为独立实体时表现得更好，并且创造的价值足以补偿母合所产生成本。

母合优势理论的核心观点是：总部层面的战略定位主要是一个能力培育者。应将总部的战略技能或核心能力与业务单元取得竞争优势所需的关键成功因素结合起来，确保总部能够对业务单元的商业成功做出贡献。总部若不能为业务提供母合价值，便不应该收购和多元化扩张。

母合优势理论对于处理公司层面多元化业务有特别重要的意义，从业务关键成功因素与总部特征的契合度、业务定位与总部的战略愿景契合度两个维度，提供了有效的操作方法。这对于企业避免各种打着"生态圈、一体化、平台、整合"旗号的弱相关多元化或无关多元化陷阱，具有十分重要的意义，有助于帮助经营者克服多元化投资冲动。

基于母合优势理论，有以下五类业务（如图6-10）。

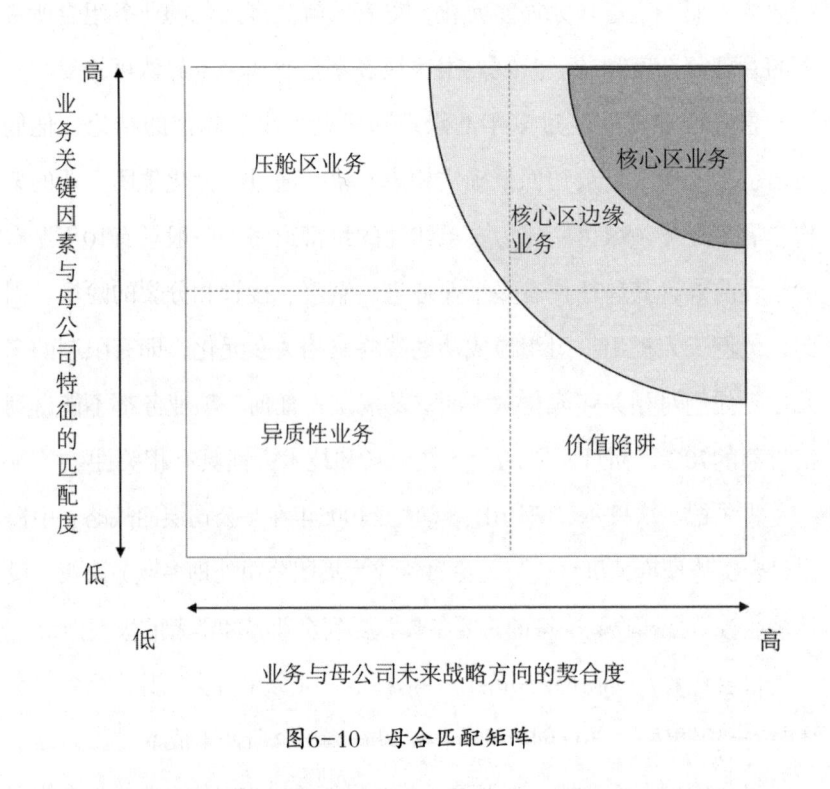

```
高
业
务
关
键       压舱区业务        核心区业务
因
素                   核心区边缘
与                     业务
母
公
司       - - - - - - - - - - - - - - -
特
征
的
匹       异质性业务        价值陷阱
配
度
低
    低                              高
       业务与母公司未来战略方向的契合度
```

图6-10　母合匹配矩阵

一是核心区业务：是那些总部能够帮助他们增加其价值而不会损坏其价值的业务，它们是未来战略的核心。核心区业务有利用总部优势改善业绩的机会，应优先发展核心区业务。

二是边缘区业务：指总部对于该业务的综合影响难以确定。该业务关键要素与总部特征有一部分匹配，有一些不匹配。总部既可能做出贡献，增加其价值，也可能使价值受损。边缘区业务可能是过渡状态，处于商业试验过程中，有可能转化为核心区业务，也可能需要淘汰。

三是压舱区业务：是指那些与总部未来的战略方向不匹配，总部难以提供母合价值，但也没有明显冲突的业务。总部对压舱区业务进一步创造价值的可能性比较小，这些业务如果独立运作可能会更加成功。压舱区业务往往会消耗总部的管理资源和时间，影响他们的价值创造空间。压舱区业务可能提供现金流和收益，也可能是个拖累。如果没有不利影响，一般应在合适的时间，通过合资经营、出售等方式进行处置，以降低对其他业务的影响。

四是价值陷阱业务：一般是总部曾经以为是公司未来的发展方向，但实际上该业务与总部的特性差异较大，总部对该业务的发展无法提供支持，反而会被该业务拖累。价值陷阱业务需要果断放弃。

五是异质型业务：是指明显不适合的业务，无论是愿景还是关键成功特征都与母公司不匹配，这些业务没有什么增值机会，而且它们的行为与总部有着很大的差异，这些业务该坚决退出。

某医药制造企业的愿景是"做人类健康领域的一体化解决方案提供商"。

其主业是中医药制剂类业务，该业务目前正处于快速发展阶段，还有其他的业务，分别是中医药饮片业务、小型医疗设备业务、发展中的互联网诊疗业务（即通过互联网实现患者诊断和中药销售）、新进入的房地产开发业务等。

中医药制剂是核心区业务处于高速发展过程中，符合公司的价值主张和目标定位。

中医药饮片（指传统中药配方、熬制）业务处于试验阶段，属于边缘区业务。这块业务与现有核心业务有母合之处，也有不匹配的方面。母合之处是可以共用销售网络、原料采购渠道等，可以有效地降低成本。但是中药配方颗粒业务与饮片业务存在一定的竞争关系，未来伴随细分市场的经营，有可能转变成核心区业务。

互联网诊疗业务目前处于商业模式探索阶段，这个业务可能是价值陷阱，未来商业模式验证的过程中需要观察其商业模式中互联网运营能力是否是关键成功要素。如果是关键成功因素，那么与主营业务可能会产生价值观与文化冲突，需要淘汰或者令其独立运营。

房地产业务属于异质型业务，该业务与公司的愿景目标和母体特征均不匹配，应该放弃。

医疗设备业务属于压舱区业务，表面上看都属于医疗和大健康范畴，但其目标客户、生产管理、营销体系与主营业务均不一致，母体不能为其提供价值增量，主要依靠其自身能力经营。要么增强其经营自主性，要么择机出售或合资。

管理产品组合

所有的业务形态最终都需要通过产品将价值向市场转移。大多数企业往往不会只生产一种产品，有效地管理产品组合成为组织价值实现的关键环节。

产品组合是一组不同却相关的产品类目集合，它们以相互配合的方式起作用。产品组合的数量往往受到公司战略目标的影响。追求高市场份额、高占有率的组织往往产品组合的数量比较大，追求高利润的组织往往会比较谨慎地扩展产品种类，选择比较短的产品线组合。比如同样是汽车制造业，大众、通用等公司的产品组合数量就比较庞大，这些公司通过丰富的产品数量去占领不同的细分市场。企业创建产品组合的目标主要有三个：

目标一：创建新的产品线，实现顾客的纵向延伸。

每一家公司的产品都只能覆盖某一个范围的客户，比如香奈儿的箱包就只是定位于高端客户。但是企业出于种种原因，会选择向上或者向下拓展自己的产品线，覆盖更多的客户。

向下拓展：定位于中高端市场的公司会向下拓展产品线，企图吸引消费水平比较低的客户群体。一般来说企业会出于三种原因将产品组合向下拓展。

一是公司可能注意到了低端市场巨大的成长机会。

比如欧莱雅集团在1996年收购了美宝莲彩妆，就是为了吸引消费能力还不太强的年轻女性，建立品牌忠诚与好感。美宝莲会同步使用欧莱雅集团高端品牌的研发成果。当这些女性消费能力逐步增强，她们会继续选择配方更好的欧莱雅、兰蔻的彩妆。一些非常高端的品牌会推出一些价格比较低的产品也是这个目的。比如爱马仕在2020年首次推出了口红，就是为了吸引那些暂时还没有能力购买爱马仕服装和箱包的顾客。

二是防止低端市场竞争者成长起来，与其争夺中高端用户。

比如华为手机的畅想系列和畅玩系列主打2000元以下的中低端市场，主要就是为了避免OPPO、魅族等低端市场竞争者成长起来，参与到高端市场的竞争中。

三是终端市场已经饱和，寻找新的市场机会。

在2007年前后，中国移动集团就意识到一、二线大城市的手机覆盖基本达到饱和，市场增长空间有限。为了保持继续发展，中国移动开始向内地城市和广大农村地区扩展业务，一直将手机信号站建到了内蒙古的戈壁滩和青藏高原上。为了开拓农村市场，中国移动专门针对农村用户推出了许多服务计划，比如提供农作物价格信息服务、家禽养殖短信息服务等。

向上拓展：公司希望进入高端市场主要是为了实现更大的成长，获得更高的利润，或者希望自己成为一家全产品线的公司。

吉利汽车自2010年收购沃尔沃开始了自己的全产品线战略，2019年又成了戴姆勒汽车的第一大股东，直到2020年宣布吉利与沃尔沃公司进行业务重组，整合成一家在瑞典上市的新集团，沃尔沃汽车、吉利汽车、领克和极星品牌都将属于这家新上市公司。至此，吉利汽车完成了从中低端的吉利汽车到中高端的沃尔沃、路特斯、Smart的全产品线覆盖。

目标二：创建新的产品线，促进交叉销售。
企业在营销上的巨大成本之一就是获取客户，所以企业总是希望能够想方设法利用客户资源，实现利益最大化。一般来说，交叉销售的产品设计适用于两种情况：
第一种进入客户周期较长，建立信任困难，销售比较困难，多次交易才是最佳盈利模式，在产品策略上需要经营整合和研发多款产品或解决方案。保险公司、如新、康宝莱等消费品直销公司，还有软件公司、咨询公司等解决方案业务的公司都是这种情况的典型代表。因为获取客户的信任非常不容易，所以不断地开发新的产品来满足同一客户的不同需要以此实现利益的最大化。

第二种客户捆绑产品的需求非常明显。这是产品形态决定的一种产品组合方式，有一些产品天然有很强的需求与另一种产品搭配购买，比如高露洁推出牙膏的同时也卖牙刷，联想卖电脑主机的时候也会卖打印机，方太卖灶具也卖抽油烟机和电烤箱。

目标三：创建新的产品线，分摊单个产品线的固定成本。

企业的固定成本基本不变，产品数量增多，基本运营成本被摊薄，分摊成本可能越低。企业运营总会有一些不可避免的运营成本，单一产品线负担这些成本显得过于吃力，企业会选择增加产品组合来分担成本压力，实现利益最大化。

便利店最大的成本是房租，所以经营成功的便利店会想方设法增加店铺的使用率，会在店铺里设置快餐、咖啡机、ATM机、自助打印机等。麦当劳本来没有早餐业务，随着房租不断上涨，为了利用店铺的早餐时间，推出了早餐产品。航空公司的巨大投入是飞机，为了提高飞机的利用率，只有拓展新的航线和班次才能提升盈利空间。

产品组合多元化看起来十分美好，能够提供更多产品，让客户有更多选择似乎是一件非常不错的事情。然而，就像所有美丽的东西一样，越是美丽就越有可能是个陷阱。随着产品的不断增加，带给销售团队的压力也会越来越大，企业的各项成本不断升高（设计成本、运营成本、存货成本等）。更糟糕的是，过多的产品组合还会增加客户选择的成本，造成客户选择困难而放弃购买。

1997年苹果公司濒临破产，乔布斯回到了苹果力挽狂澜。他大刀阔斧地将苹果15个台式机的电脑型号缩减到1个，将手提式设备的型号也减少到1个，完全剥离了打印机及外围设备业务，减少了开发工程师的数量，减少了进销商数量，将库存降低了80%。他成功地帮助苹果跳出了财务困境。乔布斯说："我的朋友询问我应该购买哪一种电脑，她搞不懂各个型号之间的差别。然而我也不能给她明确的建议，因为我自己也搞不清楚。最后我们用Power Mac G3替代了所有的台式机。"

事实上当年IBM也曾经面临这样的局面。1993年郭士纳接管已经是"风烛残年"的IBM，发现IBM计算机和服务器的型号种类如此之多，导致销售人员完全说不清楚各个型号之间的差别，更加无法给客户提出有效的建议。而售后服务团队也难以完成如此多型号的学习，导致售后服务也难以达到预期，这让无论是企业级客户，还是个人用户都与IBM渐行渐远。郭士纳上任后也进行了大量的产品精简，才让IBM得以重生。直到今天，IBM都还在延续这种"壮士断腕"的传统，发现一个产品不再是高价值产品就会毫不犹豫地立刻剥离。

既然扩大产品组合可能是颗金光闪闪的鸵鸟蛋，也有可能是个陷阱，那么在进行产品组合的时候应该如何决策呢？应该主要考虑经济性、产品生命周期状态和渠道承载力三个维度（如图6-11）。

图6-11　产品组合影响因素

经济性

产品组合的经济性考虑主要包括市场规模和产品利润。组织要通过市场规模来确定这是否值得组织投入的市场，要根据产品的利润情况决定品目的建立、维持、收获和放弃。

市场规模：组织决定新建一个产品，首先需要对这个产品的市场规模进行评估，看一看这个市场容量是否值得企业进行投入。比如一个千亿级的企业如果要选择新的产品线，那么它就必须在万亿级的市场中寻找机会。如果选择在一个百亿级的市场展开投入，就很有可能分散企业的资源，而且难以支撑企业的后续发展。

产品利润：每家公司的产品组合都应该包含不同利润的产品。有一些产品可能通过较低的利润来提高销量占领市场或者吸引客流，有一些核心产品保持平均利润水平，通过产品差异获得竞争优势，有一些产品具有超额利润。一般来说超市都会遵循这一原则：三分之一商品低于市场价格，三分之一高于市场价格，三分之一等于市场价格。近年来随着电商的发展，很多家电品牌也会推出低利润、低价格的电商专供款，在传统渠道走量的平价款和特殊定制的高端款。

渠道承载力

渠道方式建立以后，固定渠道的承载能力是有限的，产品种类不是能无限增加的，渠道上的产品到一定的承载合理范围后，对后来推向市场产品的销售推动能力往往是减弱的。除非另外建立渠道，否则组织应保持渠道通路上合适的产品数量，既不能太多，又不能太少。过多的产品会给销售团队带来技能和时间的挑战，给客户带来选择困难，并且不利于在客户终端建立强有力的产品形象。过少的产品可能只覆盖少数的细分市场，并且产品之间无法形成协同关系，无法形成成本分摊。

产品生命周期状态

产品生命周期是指产品从准备进入市场开始到被淘汰退出市场为止的全部运动过程，是产品或商品在市场运动中的经济寿命。商品由盛转衰的周期主要是由消费者的消费方式、消费水平、消费结构和消费心理的变化所决定的。一般分为导入（进入）期、成长期、成熟期（饱和期）、衰退（衰落）期四个阶段。企业在建立产品组合的时候，需要尽量保证现有产品中有导入期、成长期和成熟期的产品，以应对产品进入衰退期带给企业的经营风险。

第七章
商业设计与创新

在VUCA时代，创新是企业的灵魂，今天的优势有可能就是明天的平庸。企业必须不断地寻找创新焦点，谨慎地进行投资和处理资源，进行与市场同步的商业探索与实践，以应对行业的变化。

勇于创新的组织把创新当作组织的生存模式，当作贯彻始终的生存原则。它们总是保持自己的好奇心，不断地学习，勇于尝试，敢于失败，不断地寻找方向，探求方法，把每一次失败当成学习的宝贵机遇，不拒绝一切可能性，随时准备进入新的试验。

战略制订的核心是创新焦点

组织在寻找创新焦点的时候，一般有四个方向，分别是产品和市场创新、业务模式创新、运营效率创新和商业模式创新（如图7-1）。不同生命周期阶段的企业，对四类创新的关注侧重点也不相同。企业越强调增长，越应关注产品和市场创新；企业越强调成本，越应关注效率创新；业务模式创新和商业模式创新既可以响应业绩增长，也可以响应成本降低。

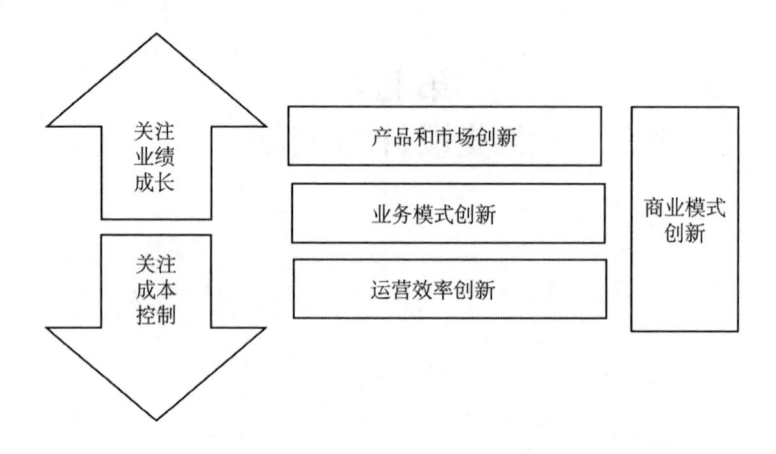

图7-1　四种企业创新类型

产品和市场创新，主要聚焦特定客户群体的深度经营和进入新的市场领域，发展创新产品和服务，进入新市场并寻找新客户，发展新的渠道和交付路径等。

业务模式创新，一般指发展新的业务运营方式，整合外部资源建立伙伴关系，改变交付方式快速响应市场，调整组织结构和业务流程等，提升业务灵活性。

运营效率创新，主要应用于改善核心职能领域的效能和效率，探索发展的最佳成本结构，优化流程或对流程进行再造以提高效率，对核心职能实施再造。

商业模式创新，是全局性、整体性的创新，可能改变企业的客户定位、价值主张、创造价值主张的方式、成本结构和盈利方式。

麦当劳就是在这四个领域不断寻找创新焦点，实现企业长期具有竞争力的典范。在我们大多数人的心中，麦当劳就是卖汉堡包的，但是可能你想象不到麦当劳其实还是卖玩具的、卖农业技术的以及收租金的。

产品和市场创新：麦当劳最初是一家汽车餐厅，主打产品是可乐和巨无霸汉堡包。当它进行全球扩张来到当时汽车文化并不发达的中国，它果断地放弃了汽车餐厅，而是首先成立了针对孩子和年轻人的快餐店。几乎每个生活在城市里的"80后"孩子都会记得"更多欢乐，更多麦当劳"的推广语。麦当劳餐厅不仅推出了带有系列主题玩具的儿童套餐，还曾经推出了生日派对服务。很多大城市的"80后"孩子都曾经把在麦当劳办一次生日派对当成自己的生日愿望。麦当劳还在产品上设计了更受中国欢迎的麦辣鸡翅和麦辣鸡腿汉堡。

运营效率创新：麦当劳几乎可以说是全球企业中运营效率创新的典范。麦当劳通过建立自己强大的供应链系统，大大地降低了产品采购的成本。麦当劳还拥有非常完善的食品标准化生产流程管理和员工训练系统，可以让一个员工以最快的速度成长，达到餐厅的服务标准，也能帮助一家新的店铺快速达到合理的运营水平。这给麦当劳的快速扩张提供了非常好的基础。

业务模式创新：麦当劳的视野并没有局限在制作快餐上，而是延伸到整个产业链。麦当劳还是一家农业技术公司。举一个例子，麦当劳公司购买相关农业技术，为农场提供土豆种植改良技术，假设过去1斤土豆卖5元，亩产只有6000斤，农民年收入3万元，使用麦当劳的技术后，亩产从6000斤涨到2万斤，每斤2元，农民收入增长了1万元。农场企业很开心，但最大的受益者毫无疑问是麦当劳公司，因为单价从5元变成2元，单位采购成本大幅度降低。

商业模式创新：过去麦当劳将自己定位于一家快餐公司。但是快餐公司的利润并不高，在股票市场上的估值也不高。于是在21世纪初，麦当劳对自己的商业模式进行了改造，变成了一个主要依靠加盟费和租金收益盈利的公司。得益于麦当劳强大的品牌和人流吸引力，麦当劳可以用远远低于市场的价格来租赁或者购买商铺。麦当劳往往会转手将这个商铺租给加盟商，以此获得租金收益。与此同时，借助供应链优势和在加盟商销售中的抽成和加盟费，也能获得非常可观的加盟收益。根据麦当劳2016年年报显示，麦当劳地产出租贡献了50%的运营利润，品牌授权占40%，而自营餐厅业务只贡献了10%的运营利润。不仅如此，当麦当劳从一家快餐公司变成了一家平台型业务与租赁业务为主的公司，其股价的估值也得到了大幅度的提升。

商业模式创新是最根本的商业创新

战略管理大师在战略样式方面一直有一些争论。一部分战略管理大师认为，在一个既定的商业环境中，有无数种可选择的战略样式，因此每一个组织的战略都是唯一并量身定制的；而以波特为代表的另外一些战略管理大师则认为，实际上只有少数的战略样式可以选择，基本的竞争战略样式有三种，分别是低成本、产品差异化和目标集聚。

我个人认为企业战略有很多界面，竞争战略是企业战略的重要组成部分，但不是唯一的内容。尤其在今天，新商业模式下战略呈现出个性化越来越强的趋势。

企业的战略，取决于商业模式的独特的设计。无论是效率创新、业务模式创新，还是产品市场创新，实质都是针对商业模式中关键成功因素的深化。所以说，商业模式的创新是寻找和验证创新焦点的最主要途径，也是最重要和最有革命性的创新。商业模式描述了企业如何创造价值、传递价值和获取价值的基本原理和过程，阐释了企业经营的最根本的逻辑。商业模式创新已经越来越成为新的竞争方式。

对于重大的业务创新，须在前期进行商业模式的规划和设计，以降低试错成本。很多企业往往没有进行商业模式设计就进入执行流程，结果进行大量的成本投入，试错成本极高。

美国硅谷把这种没有经营验证的商业试验叫作火箭发射式的创业思维。即在秘密的状态下，进行封闭开发，然后在某一天宣布产品。就像火箭点火，然后快速放大，这种模式在互联网泡沫破灭之前达到了顶峰。

WEBVAN（以下简称WB）是这种创业模式的典型代表。WB于1996年起步，其商业模式是生鲜电商O2O模式，线上订单，线下配送。

这家公司于1996年底成立之后，花了大概3年的时间，封闭开发了一个庞大的仓储系统，仅软件就投入了1600万美元。它们的仓储系统极其先进，与中国现在的系统相比都不落后。这家公司1999年IPO，当时营收只有区区的400万美元，但是筹集了4亿美元的资金，市值最高点冲到150亿美元。

电商行业的底层逻辑就是流量，流量大小会影响一个最重要的指标——仓库的利用率，仓库的利用率应该达到80%左右，才能形成赢利模式。开业的第一个季度，旧金山大仓的产能利用率小于20%。后来经过调整之后，还是只有30%，远没有达到80%的盈亏平衡点。

但这家公司是怎么做的呢？把旧金山的大仓在全美33个城市进行复制。旧金山的这个模式验证成功了吗？没有，而且差得不是一点。苦苦支撑两年，在烧掉了投资人多达12亿美元之后，WEBVAN公司在2001年7月宣告破产。

这个模式就是我们所说的火箭发射。当你的商业模式根本没有得到验证的时候，就先去盲目地复制和放大。这种做法不但把这家公司背后的投资人拖入了深渊，甚至对整个行业也造成了巨大的影响。

美国的生鲜电商虽然在1996年就起步了，但是如今却远落后于中国，就是因为这个公司，整个美国风险投资行业十年不敢再去碰这个行业。

WB联合创始人皮特瑞曼说："问题的症结就在于一级市场旧金山需要很长时间才能取得成功，而此时我们扩张的其他城市又在烧钱，今天看来也许我们当时的模式有可能会成功，只是我们都没有等到那一天。"无独有偶，2020年4月曝出造假传闻的瑞幸咖啡、濒临破产的共享单车企业，也走在同样的道路上。

2007年，美国电商领导厂商亚马逊谨慎地进入了这个行业，成立了Amazon Fresh。财大气粗的亚马逊并没有像WB一样建立很多大仓。

它选择以西雅图作为试点。即使是西雅图这样的对新技术和服务接受程度比较高的地区，亚马逊也只是选择了几个高端小区开始最早的实验。而且它采取了会员制，客户需要缴纳299美元的会员费才能享受这个服务。这一措施有效地把对这个服务需求程度不高的客户挡在了门槛之外。亚马逊的这个业务到今天都没有扩散到美国其他地区，因为它认为有项业务的关键参数还是没有到位。

WB和亚马逊的案例充分说明了商业创新需要用结构化的逻辑进

行规划与验证，否则将面临巨大的风险。

商业模式创新要素设计与实践

亚历山大·奥斯特瓦德和伊夫·皮尼厄在《商业模式新生代》中，提出了商业模式画布的概念。他们按照九个构造块进行商业模式设计，分别是：客户细分、客户关系、渠道通路、价值主张、收入设计、关键业务、核心资源、重要伙伴、成本结构（如图7-2）。这成为近年来企业经营者商业模式设计的重要工具。

KP重要伙伴	KA关键业务	VP价值主张	CR客户关系	CS客户细分
	KR核心资源		CH渠道通路	
C $ 成本结构			R $ 收入设计	

图7-2　商业模式画布

客户细分

客户细分主要是定义谁是业务的关键客户，哪些客户是我们的服务范围。客户细分的维度有地域、人口特征、使用行为、利润潜力、价值观/生活方式、需求动机/购买因素、态度和产品/服务使用场合等。清晰的客户细分，是成功的商业模式设计的先决条件，客户不清晰是导致很多商业试验失败的原因。

在以下情况下，必须进行客户细分。

需要和提供明显不同的提供物（产品／服务）来满足客户群体的需求；

客户群体需要通过不同的分销渠道来接触；

客户群体需要不同类型的关系；

客户群体的盈利能力（收益性）有本质区别；

客户群体愿意为提供物（产品／服务）的不同方面付费。

客户细分是商业设计的基础性问题，如果客户细分不清晰，商业设计的价值主张、客户关系、渠道设计、收入设计等模块均无从谈起，商业模式的整体设计质量难以保障，影响商业效率。

百度公司是国内搜索领域的市场领先者。在PC时代，百度曾经设想进入内容网站领域。提出建议的人认为：百度拥有如此大的搜索流量，为什么不能将流量导向一个自己的网站呢？然而这个商业构想最终以失败而告终。为什么呢？百度公司通过试验，发现使用搜索框的人都是功利性的信息使用者，他们使用搜索的场景是有很功利的信息收集需要，不会对其他的信息感兴趣，甚至会感到厌烦。而登录内容网站是另外一个场景，人们一般只有在百无聊赖或悠闲的时候才去网站浏览信息。客户细分的差异，消费场景的差异，决定了这个商业构想不能成立。

在传统领域，后来者要进入先发者的市场，往往是从差异化的客户细分开始的。

20世纪80年代末，刚刚进入国内通信市场的华为公司只是一家没有核心产品、没有背景、没有优势的"三无"型民营企业，国内通信市场基本被欧洲和美国、日本等发达国家的公司垄断。

在如此严峻的市场环境下，华为采取了"农村包围城市"的策略，先从竞争对手不重视的偏远地区入手。

与严峻的城市市场环境相比，任正非发现农村市场无人问津。由于偏远地区市场线路条件差、交通不便、利润率低，聚焦于大城市市场的跨国公司根本不屑一顾。

比如，外企对黑龙江市场并不重视，整个黑龙江市场只安排了三四名员工负责开拓。华为公司却派出了200多人常年驻守黑龙江，对每个县电信局的本地网项目寸土必争，分毫不让。与跨国公司的傲慢态度相比，平常很少见人的任正非，无论多忙总是抽出时间亲自接见县级客户，这让客户特别感动。

华为在拓展海外市场时，复制了国内市场的成功经验，从俄罗斯和非洲等国家开始，先进入电信发展程度较弱、竞争相对较少的国家，然后步步为营，积小胜成大胜，再攻占发达国家，逐步成长为国际化的知名厂商。

价值主张

价值主张是业务提供给客户的独特价值，独特的价值主张是客户选择你的根本原因。价值主张需要描述提供给细分客户的系列产品和服务。

评价价值主张的成功与否，主要从五个维度考虑，分别是刚性、市场容量、收益比、社交属性、差异化。

刚性主要是指这个价值主张是不是客户的刚性需求。需求越具刚性，其后的商业过程效率就可能越高。如果价值主张不具刚性，企业就需要花费大量的成本吸引客户，转化率也不会高，商业效率必然低下。

大家都说学习是一件很重要的事，因此成人学习应该是门很大很好的生意。但现实的情况是，成人学习领域只有少数的能够规模化的公司。其根本原因就是成人学习不是刚性需求。需求不是刚性的，就意味着销售过程是极其复杂的。学习是个痛苦又辛苦的过程，如果没有升学和就业的紧迫压力，大多数人都没有学习的动力，这是企业培训市场很难做大、市场集中度不高的根本原因。

成人教育市场只有极少数的细分市场需求是刚性的，一般都与证书有关系，如新东方所专注的英语培训市场。新东方为什么能够做大呢？从商业模式层面看有两个关键成功因素：一个是中国的改革开放趋势导致的国际化交流增多，英语培训市场需求量剧增；一个是新东方的各个产品与英语国际等级认证相联系，如雅思、GRE认证，而证书市场是个刚性市场。因为有以上两个关键成功因素的存在，才会有新东方的高速增长。

市场容量是指产品的价值主张对应的客户群体大小和市场空间规模。根据波特的定位理论，要取得商业巨大成功，必须尽早地进入规模较大的可盈利市场。市场容量是商业设计的重要考虑要素，大量的创业项目的失败往往就是对市场容量缺乏客观准确的评估。

某电力无人机巡检服务领域的创业公司有两个核心产品，一个是通过无人机为电力企业提供巡检服务，一个是提供无人机巡检巢穴产品。巡检巢穴产品可以让无人机就近归巢，充电和进行自动故障检查，每个产品的报价都在50万元以内，他们规划该产品时信心满满，又引入了资本投资，期望3年内上市。

经过仔细测算，无人巡检服务的真正客户是边远地区的电网企业，大约每200平方千米部署一个无人机，多年无更换要求，无人巡检服务的规模和巡检巢穴均不可能规模化，乐观估计能达到每年1亿元左右的收入，且未来没有明确的可预期增长空间。这家公司位于北京，团队规模200人左右，团队的人力成本一年就要3500万左右，扣除设备制造成本和企业的营销成本，这个项目是亏钱的，而且也看不到未来有盈利的可能。

收益比是指客户投入了一定的成本，所得到的收益是否值得，也就是投入产出比的高低。如果投入了很大的成本，得到的收益较少，这样的生意很难成功。这里的成本不仅是金钱，还包括情感方面的、程序方面的和便捷性方面的。

著名的黄太吉案例就能充分说明这个问题。2012年，黄太吉在北京建外soho开了第一家煎饼果子门店，创业之初的愿景是想以煎饼果子为核心产品成为"中国的麦当劳"。店家创始人赫畅是曾浸泡过百度、去哪儿、谷歌的互联网人，更是4A广告公司的创意人。从2012年7月起，黄太吉开始了其炫目的炒作推广，如美女老板娘开豪车送煎饼。在那个微博发热的时代，黄太吉通过微博炒作迅速走红。2013年1月，黄太吉只凭借升级款煎饼和立志成为"中国麦当劳"这一情怀，就获得了数百万元的天使轮投资。2015年10月，黄太吉宣布完成1.8亿元人民币的B轮融资。然而经过一系列令人眼花缭乱的炒作和产品升级，2019年3月11日，业内消息爆出黄太吉主体公司畅香利泰（北京）餐饮管理有限公司被北京朝阳区人民法院列入失信执行人名单，市场上再也看不到黄太吉的影子了。

黄太吉的失败有很多细节值得研究，但是最根本的原因是它的创始人赫畅忘记了餐饮行业的核心价值是好吃。当顾客花了路边煎饼摊一倍以上的价格买了一个黄太吉煎饼，却发现口味远远不如街边摊的时候，顾客慢慢地就不会再为它的炒作埋单了。

社交属性是企业在价值主张设计时必须考虑的重要方面，一个产品一旦拥有了社交属性，客户的替代成本显著提高，使用频率和依赖程度大幅提高，传播更快，对于大众产品有可能形成几何级传播，从而出现指数级的规模化效应。因此在商业设计的时候，我们经常要问"能否为产品加入社交属性"？

曾经有个女生因为男朋友总是打游戏而要跟男朋友分手。她下了最后通牒，让男生在游戏和自己之间做个选择。男生在经过激烈的思想斗争之后说："对不起，那我们分手吧。"女孩十分不甘心，问他"为什么"，男孩斩钉截铁地说："为了部落！"

这样的场景会让每一个老魔兽玩家会心一笑。魔兽世界成为当年一个现象级的游戏，与它的社交属性的建立是分不开的。很多人就算不再热衷于游戏本身，但是仍然无法割舍在游戏中与战队建立的深厚情谊。社交属性的网状关系形成客户最大的转换成本，就连女朋友的魅力都不能阻挡。后来的许多现象级游戏如王者荣耀、阴阳师也有十分重视社交属性元素的设计。

差异化是指你的产品究竟能为客户提供什么不一样的体验或价值，客户为什么会为你的产品花钱？尤其对领域的跟随者而言，塑造差异化是生存之本。

在2012年时候，淘宝的"双十一"业绩已经达到了350亿元。腾讯作为电商领域的后来者，很多人都不看好它的前景。有人调侃说："邮局人流也很多，但是谁会去邮局购物呢？"因为那时很多人对腾讯的定位还是个通信软件及服务供应商。转眼到了2020年，淘宝的年度活跃消费者人数达到7.11亿，拼多多为5.85亿，京东为3.62亿，唯品会为6900万。腾讯是京东的大股东，拼多多、唯品会的二股东，以此粗略估算，腾讯系电商已经占了增量市场的百分之八十多。自2017年以来，腾讯开放了小程序的端口，微信的社交关系与大量的优质内容驱动了小程序的"去中心化"电商生态，成为一个开放式的电商平台的平台。几乎每一位电商用户都有在微信各类小程序购物的经历。2020年初的一场疫情，导致小区封闭，以小区微信群为社群基础的接龙小程序购物更是深入到每个城市人口的生活中。在同一个微信群中，大家以团购的形式采购商品，在微信群里分享产品的体验，在熟人之间传播，形成了强大的带货流量。如果说淘宝是靠强大的平台流量成功的平台型电商，那么腾讯就是立足社交的社交型电商。

渠道通路

渠道通道是指对于不同的客户定位，企业使用什么方法传递自己的价值主张，如何交付产品与服务，描述公司如何接触其细分客户而传递其价值主张。

我们设计渠道通路时主要考虑五个方面，即速度、规模、效率、与客户关系的适应性和可控性。速度即能够接触和发展客户的时间快慢。规模是指能够触达的市场范围。效率是指从接触客户至形成订单的投入／产出比。与客户关系的适应性是指这种渠道选择是否能够达到产品和商业需要的客户层级。如提供解决方案类的产品一般不能通过代理方式进行，因为这种生意相适应的客户关系是战略性客户关系，代理模式只适合产品型业务，与解决方案业务不匹配。可控性是指组织对渠道通道的控制力。这五个方面是比较难以兼得的，组织须在其中做出选择：选择哪些？放弃哪些？

某版权课程的供应商，其主要业务是面向企业客户和讲师销售版权课程。公司在创业前半年采用了自建销售团队的方法，半年下来只实现不到10个客户的销售，后来解散直销团队，改为发展代理商模式，下半年发展客户50多家，业绩有了根本性的改观。

自建销售团队不利于速度、占领市场空间（规模），因为从接触一个客户至形成信任和成交订单，需要一个较长的周期。因每单金额不大、周期长，最终的商业效率和盈利是不尽如人意的。自建销售团队的人员数量有限，培养周期较长，因此拓展速度缓慢。自销模式唯一的好处是可控性较高。

而代理商模式在提高市场的覆盖速度、提高市场接触效率、提高市场覆盖宽度三个方面有明显优势。代理商模式与自建销售渠道相比，是可控性较低的模式，组织应加大产品的研发力度，加快产品迭代周期，加强对代理商的过程监控。因为是交易型的关系，代理商模式是最适合的渠道设计选择。一方面，增加新的产品可以帮助代理商提高收入，代理商有很高的积极性；另一方面，代理商拥有现成的客户资源和长期形成的信任关系，通过增加新的产品可以快速变现客户资源价值，销售过程时间很短，销售效率很高。

在本案例中，代理模式比自建销售团队具有更高的效率，能够触达更大的市场规模，速度更快。销售模式与客户关系的要求匹配，这种业务需要通过长期服务建立信任，不是自建销售团队能够完成的，唯一存在的问题是可控性低。

客户关系

客户关系是指本业务要求与客户维持什么样的关系，如何进行有效的互动。

说起依靠与客户建立牢固的关系而成功的商业模式，不得不提起小米。小米粉丝经营的核心价值观是"和用户交朋友"。小米的客服人员会及时对小米用户的购物评价进行回复。客服对客户评论的回复全是个性化、以朋友口吻进行的，也没有生硬的官方话语，这让每一个在小米官网上购买产品的人都感到暖暖的温情，瞬间产生小小的感动，这种朋友般的沟通，带来了全新的购买体验，让小米无形中增添了众多粉丝，并产生了新的传播。

MIUI作为小米手机的核心产品，MIUI社区将客户定位于使用者、传播中心和共同研发者。在MIUI的团队看来，粉丝的意见就是产品的改进方向。在重要功能研发前，小米会在MIUI社区来做一系列的功能问卷调查，征询用户的意见。粉丝们提出的改进意见被采纳时，自豪、愉悦之情油然而生，就会自发地在各大社交媒体秀自己的"成就感"以及小米的"人性化"。为了进一步加强与用户的互动，小米公司要求MIUI工程师每天至少在论坛上停留一个小时，同时对十几个超级粉丝进行重点经营，定期举办线下的粉丝交流会。

小米产品的售后服务还采用米粉做客服。小米手机在口碑传播上取得了极大的成功。很多购买小米产品的用户都是朋友推荐的，当用户在使用产品中遇到问题，第一时间就会找到推荐他们购买的朋友，这些米粉朋友就会起到客服的作用，大部分的问题经过资深米粉都基本得到了解决。对于用户来说，问题及时高效得到了解决，自然高兴；对于资深米粉来说，个人价值再一次得到了体现，产生了帮助他人的满足感和愉悦之情，这种满足感和愉悦之情，自然会引发新一轮的粉丝传播。

收入设计

收入设计是商业设计的动脉，组织必须考虑针对价值主张可以设计哪些收入方式、哪些不应该设计收入、收费方式如何设计、什么样的支付方式更加便捷。既可以通过客户一次性支付获得收入，也可以设计经常性收入模式。

互联网企业的广告收入模式就是一个经典的商业设计。门户网站或购物网站针对C端免费以吸引流程，流量达到一定的规模后吸引B端客户做广告，从而形成盈利模式。免费模式是一种比少收费模式更具根本性的吸引流量的模式，这样就极大地增加了网站流量。

诱钓式商业模式是另外一种经典的收入设计案例。在这种模式下，一般要推出吸引眼球的免费产品和低价产品，创造消费者初始瞬间消费冲动，形成初始购买行为，由于后续产品与前期产品有绑定关系，通过后续产品的销售实现持续性收入，如打印机的收入设计，打印机免费而墨粉收费；如剃须刀收入设计，刀架免费而刀片收费。

在收入设计中，不要忽视支付方式对商业成功因素的影响。支付宝的发明是促成淘宝早期成功的主要原因之一，支付宝的逻辑是你下单时，货款就转移到支付宝，但并不支付给卖家，只有你确认收货后，卖家才能拿到钱。这就解决了影响线上交易的信用问题。没有支付宝的发明，就没有淘宝今天的成功。

关键活动

关键活动是指实现价值主张、建立渠道通路、维持客户关系需要通过哪些关键活动实现，他们的优先性如何，哪些是商业模式的最重要的关键活动。对商业模式的关键活动和优先性的识别特别重要，是企业制订战略的基础，决定了企业的成本结构。

2016年4月，打着"好生活，没那么贵"的口号的网易严选上线了。它的价值主张是以严谨的态度为中国消费者甄选天下优品。为了实现这一价值主张，网易严选从产品选择到用户体验设计了一系列的关键活动。

选品环节：严选的工厂都是为国际知名品牌做过代工，它们的生产、技术和管理都达到世界一流水平。

定价环节：所有商品售价遵循"成本价+增值税+邮费"规则，去掉了高昂的品牌溢价，挤掉广告公关成本，摒弃传统销售模式，使得价格回归理性，让消费者享受到物超所值的品质生活。

品控环节：员工深入各个原材料的核心产区，从原料选择到设计、打样都与工厂保持密切沟通，这样才能从根本上保证产品质量。

服务环节：严选为用户打造极致购物体验，提供远超行业标准和国家要求的30天无忧退货和2个工作日快速退款服务，让用户能够放心购物。

网易严选的商业模式取得了巨大的成功，开创了电商平台推出自有严选品牌，如淘宝推出了类似的淘宝心选。

关键资源

关键资源是指实现价值主张、建立渠道通路、维护客户关系、实现关键活动需要哪些人力、物力和财务方面的资源。

有些商业设计必须依赖特殊的资源，如咨询行业、律师事务所对高水平顾问专家有极高的依赖；医疗、教育行业需要获得行业准入许可；烟草行业需要有特许经营牌照；就连夫妻开个小吃店，也至少需要二人中有一个可以当厨师。网易严选作为网易投资的一个互联网购物平台，其前期的成功依赖于其拥有的巨大的免费邮箱资源，亿级的免费邮箱成为其早期流量的重要来源，也是其优质低价的价值主张的保障。

关键合作

关键合作主要是指那些关键活动和资源哪些由伙伴完成，哪些由企业自己完成。企业的合作方式主要有：在非竞争者之间的战略联盟关系，即联盟方式；在竞争者之间的战略合作关系，即竞合方式；为开发新业务而构建的合资关系，即合作关系；建立确保可靠供应的购买方，即供应商关系。

企业构建关键合作关系主要基于以下三个方面的动机。

商业模式的优化和规模经济的运用。企业不求拥有，但求为其所用，企业自建并不比通过供应链协作的方式更具有成本和专业优势。比如菜鸟的众包物流。

减少进入未来不可能规模化和不熟悉的领域，降低风险和不确定性。如探路者收购绿野网，通过对户外门户网站的整合来提升消费者体验。

特定资源和业务的获取。比如早期国际汽车品牌进入中国都会选择合资建厂。

成本结构

成本结构是指实现关键活动、获取关键资源、实现关键合作需要哪些成本和费用。企业须识别与商业设计有关的最优成本结构，不能平均使用成本。关键活动的优先性和关键资源的识别，决定了商业设计的最佳成本结构构成。

亚德里安·斯莱沃斯基等人提出，企业的能力类型有三种，分别是支持战略的核心能力或差异化能力、支持组织展开行业内竞争的必备能力、维持业务运营的基本能力。三种能力的投资策略如下：

能力类型	能力特征	投资策略
与商业关键因素相联系的核心能力	本公司区别于其他企业的可带来独特优势的3~6项能力，与商业的关键成功因素相关联。如领先的产品特性、独特高效的销售网络等	持续性投资，尽量做到业内领先
维持企业价值链生产所必备的业务能力	维持行业经营和展开竞争所需要的能力，通常指价值链的核心环节的能力，不能形成差异化优势，但是企业提供商业价值所必需。如产品的生产、包装、储存等	维持运营，做到行业内次优
提供基本设施的基本能力	为企业核心价值链经营必需的基础设施运营、服务支持等。如法律服务、房屋、基础设施	能够提供业务需要的基本条件即可

能够表明对关键经营活动的优先性排序对商业模式成功和赢利水平有较大影响的案例是咨询行业。不同的咨询公司经营者对咨询行业关键商业活动的认知有很大差异，导致成本投入策略和结构的不

同。有的经营者的重视咨询交付和市场传播，轻销售；有的经营者重视市场传播和销售，轻咨询交付。两种不同的商业模式带来规模和盈利的差异极大。

咨询公司由于对关键活动的优先性识别的差异，对于咨询交付、市场推广和销售工作，会有两种典型的成本结构：一种是交付、市场、销售按7∶2∶1比例投放的成本结构类型；一种是交付、市场、销售按5∶2∶3比例投放的成本结构类型。一般情况下采取第一种成本结构的咨询企业，通常经营规模不大，市场知名度较小，盈利水平和客户满意度高；而采取第二种成本结构的咨询企业，规模较大，市场知名度较高，盈利水平和客户满意度低。

咨询公司作为最传统的行业，不同经营者在最佳成本结构组合方面尚有如此之大的选择空间，那么在其他的业务领域，什么才是与商业模式相适应的最佳成本结构呢？

企业识别核心能力、必备能力和基本能力后，企业成本需要在三种能力中重新配置，必须避免两种倾向。

避免平均分配成本

经过大量调查，这是相当数量的企业的成本分配方式，这种分配的本质是维持性经营，企业将成为市场的"平庸参与者"。这种成本分配方式可能回避了内部资源的争夺，表面上看是一种保险的投资策略，从长期看却是最危险的投资策略。组织必须按核心能力、必备能力和基本能力的结构，实现有区别的成本分配。通俗地说就是"该花钱的地方要狠花，该省钱的地方要狠省，不能平均撒胡椒面"。即使在企业需要控制成本的时候，也不能平行、等比例地消减成本，而必须做到有增有减，尽量维持对核心竞争力的投资。

警惕重硬轻软

大部分企业愿意做实物型投资，如采购设备、厂房，不愿意进行软体性投资，如培养人才和开发技术，因为购买设备放在那实实在在，让人觉得心里踏实，没有投资风险和决策压力；花钱做科技研发、咨询或者开展人才培养项目，短期效果可能看不到，总担心投入都浪费了，这是非常危险的现象。

1998年，当时还处于业务飞速增长阶段的华为，罕见地拍出20亿元人民币的天价咨询费用（相当于华为公司一年的利润），邀请IBM前来实施包括IPD（集成产品开发）、ISC（集成供应链）等在内的8个管理变革项目。任正非的目的是把华为由一个"作坊式管理"的公司，变成"世界一流"公司。尽管咨询项目推进过程中遇到不少挑战，一些内部员工也发出了诸如"IBM的管理流程不符合国情和华为的实际情况"等牢骚，但华为公司坚定不移，在为期5年的一期项目结束后，继续推进价值20亿元人民币的二期项目。在这项为期长达10年、花费高达40亿元人民币的咨询项目结束的2008年，华为成为与诺基亚、西门子和爱立信四足鼎立的IT巨头之一。

因此，敢于并擅长在人才、科技、管理改进等软实力上投入成本，构建核心竞争力，才是优秀企业与一般企业的核心差距。那些卓越的公司，总擅长投资在软实力上，并坚持不懈。

商业设计的整体领先性评估

商业模式设计成功的关键不仅是掌握各个要素的操作要点，更重要的是把握各个要素间的一致性和契合度，从整体上对商业创新的结果进行一致性和效果的评审。这些评审一般从三个方面进行：一是看这种商业模式是否符合商业的基本规律，二是看商业模式的不同要素是否契合，三是看这种商业模式的总体效果。

商业模式的根本规律审查

亚历山大·奥斯特瓦德和伊夫·皮尼厄等人在《商业模式新生代》中提出，本质上存在三种最基本的商业模式，其他都是三种经典模式的组合和扩展。这三种经典的商业模式分别是：产品型商业模式、基础设施型商业模式、客户管理型商业模式。三种商业模式的关键成功因素如下：

驱动因素类型	产品创新	客户关系管理	基础设施管理
经济驱动因素	更早进入市场，获取溢价价格，速度是关键	获取客户成本高，范围经济是关键	固定成本高，规模经济是关键
竞争驱动因素	人才竞争 进入门槛低	针对范围而竞争 快速巩固 寡头占领	针对规模而竞争 快速巩固 寡头占领
文化驱动因素	以员工为中心 鼓励创新人才	高度面向客户 客户至上心态	关注成本 可预测和有效性

这三种基本的商业模式用到经济学的两个重要的概念，分别是规模经济与范围经济。

规模经济，即通过一定的经济规模形成的产业链的完整性、资源配置与再生效率的提高带来的企业边际效益的增加。产品型和设施型商业模式通过规模而取胜，规模大，成本低，从而赢得竞争。

范围经济，指企业通过扩大经营范围，增加产品种类，生产两种或两种以上的产品而引起的单位成本的降低。与规模经济不同，它通常是企业或生产单位从生产或提供某种系列产品（与大量生产同一产品不同）的单位成本中获得节省。客户管理型商业模式就属于范围经济。由于客户进入成本高，这种商业模式通过多次交易而降低每次的交易成本，提高盈利性。对于这种类型的生意范围比规模重要，如果只追求规模，而没有范围，必然大而不强，盈利能力极差，传统咨询领域就是典型的范围经济。

商业模式契合性审查

商业模式的不同要素要相互契合，不能产生矛盾和不匹配之处。小米手机前期的价值主张是优质低价，因此放弃线下店等高成本的渠道通路设计；凡客诚品的价值主张也是优质低价，刚开始的时候使用的全是高成本的方式，如明星代言、高频广告、高酬佣推广等。前者不同的商业要素之间是一致的，而后者是矛盾的，这决定了后者的商业模式不具有持续性。

例如，所有产品的商业设计必须平衡产品复杂度、收入设计和渠道通路之间的关系。如从软件行业的业务实践来看，一般来说5万元以下的产品，仅能选择电话销售、网络销售和销售人员自行销售这样的商业设计；复杂产品，面对面多次交流才能实现销售，且需要技术支持的情况下，商品单价一般不应低于20万元，才能形成盈利。

商业模式的总体效果审查

什么样的商业设计更具有领先性或较强的盈利能力呢？根据研究，较好的商业设计往往具有以下一种或多种特点。

客户转换成本：客户的转换成本包括程序性转换成本（指学习、采购、建立、给客户感知等方面的成本），财务性转换成本，关系性转换成本，这三种成本越高，商业模式越优。如微信、QQ这些社交软件，难以替代的最重要的原因是关系转换成本过高，一旦形成社交网络，人们很难替换；而我们经常使用的各种管理软件系统，通常也难以替换，这是因为管理软件的操作系统学习成本过高、转换成本高。

循环收益：在一个客户上交易的次数越多，商业模式越优，前期的获客成本可以被摊薄，后期的销售成本可以大大降低。比如汽车，购买了汽车就需要源源不断地购买售后服务和配件，所以汽车厂的裸车可以基本不赚钱而靠附加的销售实现盈利。

收入与支出：先收入后支出成本的模式优于先支出成本后获得收入的模式，先有收入后发生成本意味着商业模式拓展的财务约束基本可以忽略不计。比如很多美容院、美发厅都喜欢向客户推销储值卡，各种线上学习平台都是先付费后学习。

成本结构领先性：如果商业模式的成本比同行低30%左右，可以大大提高竞争优势，这意味着你与竞争对手有着不同的成本结构。微信通话网络流量收费的成本结构与传统电话流量收费的成本结构完全不同。

创造价值的免费：商业模式中没有人为你免费地创造价值。如现在很多视频、音频APP都提供免费的内容，有非常可观数量的免费内容提供给非付费会员，但是这些非付费客户不仅仅是潜在的付费客户，同时巨大的流量可以给网站带来广告收益。

拓展性评估：商业模式拓展的边际成本是否会变得很低，甚至接近于0？这样的商业模式的拓展没有限制。如人员型销售是个反例，销售收入的增加与人数的增长呈线性关系。而具有人际关系属性的商业，后期会出现指数级的规模化扩张可能性，拓展的边际成本极低。

建立商业壁垒：商业模式设计能否将组织与竞争对手区隔开来，形成独特的竞争优势？天猫在商业模式设计上十分注意生态体系建设，形成了在电商领域难以被复制的优势。而天猫的老对手京东利用重资产投入建立了自有物流，也让它具有了其他电商对手所不具备的物流优势。这样的商业模式设计会让"猫狗大战"永远进行下去，但是其实猫和狗都有自己的地盘。

优秀的商业模式往往符合基本的商业规律，商业模式的多个要素间一致，并具有优秀商业模式的一个或多个特征。

SaaS（软件即服务）应用模式最近几年风生水起。传统安装软件模式下，供应商在获取客户时，一次性收取软件使用费，现金流为正，当期产生利润。在"订阅式"的SaaS模式下，客户按服务分期付费，在获取客户的第一年现金流是负的，如果只使用1年，就会巨亏；使用两年，有一定亏损；使用3年，才能够追上传统软件的利润率；客户使用的年份越长，其利润水平越高，最终将远超传统软件。因此前期低收费或免费的订阅模式，或者说诱钓模式，可能是天使，也可能是魔鬼，持续付费率是这种商业模式的核心。运营得当，未来产生超额利润，但控制不力，未来就是巨大亏损。这种商业模式大概有一个基本的规律，在前期有一定现金流支持的情况下，客户的全生命周期价值应该大于3倍的获客成本。

对于SaaS的核心战略选择和运营一直存在一个根本性的争议：SaaS是应该做"标准化、小客户"，还是"个性化、大客户"？从商业模式本质看，大客户、大订单和持续付费，才是更优秀的商业模式，如果能够叠加范围经济概念，进入个性化业务，商业模式就更有潜力。因为组织对小客户的经营深度一般不可能深，其持续付费意愿不强，持续付费存在困难，并且如果采用线下拓展方式，其获客成本不能有效降低，从整体上看，客户的全生命周期价值应小于3倍的获客成本；要进入小客户，除非找到成本更低的获客方式，或产品具有刚性和黏性，能够延长客户的持续付费时间和提高持续付费率。

在这个案例中，体现高效商业设计的多方面的特性，如SaaS商业模式"个性化、大客户"的商业设计，从总体上看，这种设计既符合设施型生意的特点，又符合范围经济的特征。商业设计中考虑了持续收入和循环收费的特点，有效地在商业模式创新中利用了诱惑模式。客户选择、产品定位与商业关键活动及获客成本相协调，是商业模式成功的关键，其中维持市场拓展成本低于客户全生命周期的价值的1/3，是重要的商业控制点。

第八章
组织愿景与目标

"过去20年中达到世界顶尖地位的公司,最初都具有与其资源和能力极不相称的雄心壮志。我们将这一令人着迷的事物定义为战略意图。"

——[美]加里·哈梅尔、[印]普拉哈拉德《公司的核心竞争力》

企业的愿景引领性

企业愿景是企业未来的目标、存在的意义,也是企业的根基所在。它回答了企业为什么要存在、对社会有何贡献、它未来的发展是个什么样子等根本性的问题。所谓愿景,是由组织内部的成员所制订,借由团队讨论,获得组织一致的共识,形成大家愿意全力以赴的方向,反映了建立企业的初心,是企业的战略意图。好的愿景能够为企业的员工提供指引,从而提高员工的积极性和使命感。

20世纪80年代的一本经典著作《公司文化》中讲述了这样一个故事：一个路人经过一个工地，看到许多工匠在那里打凿石头。他问第一个工人"你在干什么"，工人说"我在打凿石头"；他又问了第二个工人同样的问题，这位工人兴奋地说"我在修造教堂"。这两种回答是截然不同的，第二个工人知道自己为什么打凿石头，并表现出更高的投入度，这就是企业愿景的力量。

好的企业愿景不仅能凝聚人心，而且能帮助企业回避前进道路上的各种诱惑和陷阱，有效地指导组织的战略，指引组织每个人的行为。华为公司一直有一个说法，就是战略力量不应该消耗在非战略点上。那么什么是"非战略点"，依据什么判断呢？判断的依据就是战略意图，战略意图是组织的一个长期目标和奋斗方向，也是组织业务取舍的依据，是成立公司的初心。如果没有这样的战略意图作为准绳，企业就非常可能掉入无关多元化的陷阱，分散组织的战略资源。

玻璃大王曹德旺可以说是大名鼎鼎，他是目前全国第一、世界第二的玻璃制造商福耀集团的创始人和董事长。福耀的理念是："为中国人做一片自己的玻璃，为汽车玻璃做典范。"福耀集团现在已经做到了顶尖，在中国，每三辆汽车中就有两辆汽车玻璃是福耀造的。

创始人曹德旺于1976年进入福州福清市高山镇异形玻璃厂当采购员。43年来，曹德旺真正做到了只做玻璃，其他行业一概不去涉足，这在商界是很难得的一件事。不是没有人劝他去做别的领域的事情，但都被他拒绝了。在一次访谈中，曹德旺说，直到今天，仍然每天有很多人给他打电话发短信，劝他去别的领域发展一下，比如房地产之类的，他都拒绝了。他说他自己一生只能做好一件事，那就是做玻璃。

曹德旺也曾经动摇过，当时的一本书改变了他，那就是《聚焦法规》。他在最迷茫的时候看到了这本书，这本书让曹德旺恍然大悟，于是他决定，以后就好好做玻璃，不去管其他的。也正是因为他的坚持，才能让福耀集团取得如今的成就。我们也要学习曹德旺这种精神，不要朝三暮四，下决心去做一件事，就一定会取得成功的。而能够让我们坚持初心不变的，就是企业的使命和愿景。

企业的使命和愿景不是空洞的大话，必须反映如何获得可持续的、占优势的领先地位，表明组织的长期的可持续的获利能力来源。企业的愿景须具有纲领性意义，成为组织的感情契约，现实且有挑战性。

如某7-11供应商的愿景是，"成为具有市场前瞻研究能力的供应链管理公司，助力7-11成长"。该目标定义了组织的未来的方向是有前瞻性和研究能力的供应链公司，提高供应链管理水平和构建市场研究能力是组织的长远竞争力所在，这样的企业愿景可以协同和统领不同部门的工作，起到感情契约作用，现实并具有挑战性。

战略目标制订与实施

企业愿景要通过战略目标的实现得到落实。战略目标能够反映和描述企业愿景实现以后的样子，是衡量战略方向在指定时间内完成情况的具体的、可量化的和可实现的指标。

一般情况下，企业的战略目标必须满足以下三方面的要求。

一是符合SMART原则：即具体的、可量化的、可实现的、相关的、有时间期限的。

二是现实且具挑战性：目标须现实，但要有挑战性，以激发组织的激情，集中一切能量和资源，不顾一切地达成目标，起到资源聚焦作用，塑造组织的执行文化。

三是适应性：须反应商业模式创新、产品和市场创新、运营模式创新和效率创新实现以后的样子，既有财务成果指标，也有遗赠指标（即反映核心能力建设的成果指标，表征企业经营品质和长远竞争力），指标结构应与抓住市场机遇和核心竞争力建设全面适应。

现实中的很多企业目标，仅包括收入额和财务指标。企业的战略目标应同时反映财务指标和核心竞争力的指标，前者如收入规模指标、利润率指标，后者如人效指标、市场覆盖性指标、范围经济性指标等。

战略目标在描述财务目标的同时，须反映组织通过有效的、合理的、灵活的运营模式和商业创新赢得现有市场的增长机会，同时反映核心能力建设的结果。

企业的战略目标一般包括以下四种类型。

一是市场目标：明确企业在市场上的相对位置、预期达到的市场地位、期望达到的市场份额，包括产品目标和渠道目标。产品目标包括产品组合、产品线、产品销量和销售额等。渠道目标包括纵向渠道目标，即渠道的层次，以及横向渠道目标，即同一渠道成员的数量和质量目标。

二是创新目标：在环境变化加剧、市场竞争激烈的社会里，创新概念受到重视是必然的。创新作为企业的战略目标之一，是使企业获得生存和发展的生机和活力。

三是盈利目标：这是企业的一个基本目标，企业必须获得经济效益。作为企业生存和发展的必要条件和限制因素的利润，既是对企业经营成果的检验，又是企业的风险报酬，也是整个企业乃至整个社会发展的资金来源。

四是社会目标：现代企业越来越多地认识到自己对用户及社会的责任。一方面，企业必须对本组织造成的社会影响负责；另一方面，企业还必须承担解决社会问题的部分责任。企业日益关注并注意良好的社会形象，既为自己的产品或服务争得信誉，又促进组织本身获得认同。企业的社会目标反映企业对社会的贡献程度，如环境保护、节约能源、参与社会活动、支持社会福利事业和地区建设等。

公司层面的业务目标，须要澄清不同的业务组合的结构和比例关系：哪些是核心业务，哪些是成长业务，哪些是组织可能的新机会。对于不同的业务形态，应制订与之相适应的目标，如果发生错配，则可能会影响业务的发展。最常见的错配体现在用简单的财务指标去衡量成长性业务和创新机会，就会使得这些业务的负责人在制订业务策略时束缚手脚，不敢进行大胆的战略性投入，失去发展机会。

对于核心业务，其业务定位是延伸、捍卫、增加生产力和利润贡献，应该是企业的现金流来源和利润来源。对于这样的业务，一般用产生现金和利润的能力指标，如利润（收入／支出）、投资回报率、生产效率等指标。

对于成长性业务，其业务定位是将已论证的业务模式扩大规模、增加市场份额，使之成长为市场机会。这类业务既负责产生现金流，又是组织短期未来的增长来源，是市场增长和扩张机会的来源，一般用市场规模、客户层面和财务层面的指标共同衡量，其中市场和客户层面的指标占的比重一般较大。这些指标一般包括收入增长率或数值、新客户/关键客户获取指标、市场份额增长指标、预期收益/净现值指标等。

对于创新业务，其业务定位是验证业务模式、论证商业机会的可行性、未来产生盈利能力和价值，为组织播种成长的机会。组织的关注焦点是该业务是否会丰富组织现有产品/业务创新的组合，以及是否能成为未来长期增长的机会点。因此目标应考虑项目进展关键里程碑、机会点的数量和回报评估、从创意到商用的成功概率等方面的过程性指标。

因此，在实际制订战略目标时，由于企业业务类型和所处发展阶段的不同，战略目标体系中的重点目标也大相径庭，优先次序也有极大的差异。如果企业利用平衡计分卡描述战略目标，一般情况下，对于核心业务，应强调财务指标占比；对于成长业务，应强调客户层面指标和学习成长指标占比，适当强调财务指标；对于创新业务，其战略目标应强调流程指标和学习成长指标占比，弱化财务指标占比，并从商业模式验证的视角定义客户层面的指标。

企业长远的战略目标应与近期目标结合。企业应基于长远目标建立近期目标，并形成清晰的里程碑阶段和路径关系。里程碑设置阶段应全面反映不同业务形态的要求。企业的近期目标应导入企业年度经营指标，为企业运营和执行系统提供依据。

第三部分

组织战略执行

第九章
执行设计基本原理

企业在战略制订的过程总是激情四射,因为战略制订过程伴随着畅想、希冀和向往。而战略执行就显得那么索然无味,因为它总是那么机械和琐碎。

几乎所有的组织都在推动执行方面做了大量的工作,却很少遇到哪家企业对自己的执行情况感到满意,我们经常听到这样的话语:"我们的战略没有问题,但执行出了问题。"有的管理者形象地把这种现象比喻成"脑袋过去了,身子就是过不去"。

企业既要在制订战略的时候"仰望星空",又要在执行设计的时候"脚踏实地",怎样建立一个高效的执行系统是每位管理者都在冥思苦想的事情。

如何兼顾日常事务和战略变革困扰着很多的管理者。有的管理者这样形象地描述:"我们承担组织的利润贡献和绩效任务,每天都在泥淖里滚爬,时时要防备竞争对手的袭扰,承受蚊虫叮咬,疲惫不堪,又必须时时仰望星空,坚定地注视公司的长期目标,构建竞争壁垒,并从竞争中脱颖而出,而这些工作往往对当下的业绩并无突出的贡献。"

组织的创新、竞争能力和增长都依赖于战略和执行的无缝结合。战略和执行之间的联系非常紧密，企业成功的关键在于战略与执行的一致性。卓越的组织一旦提出了一个明确的战略主张，就会通过构建独特的能力提供支持，并贯彻到它们所做的每一项工作中。卓越组织执行战略的能力和制订战略的能力同样出色。

执行不是一句空话，它就发生在公司每一个层级的人每天做出的成千上万次决策和行动中。如果我们不能以连续一致的方式排列战略性工作与日常事务，在目标交叠和冲突的情况就可能失去焦点。组织中的所有与战略相关的重要人员，在所有的重要工作中，按照连续一致的方式策划工作，并按照一致的逻辑决定工作的先后顺序，是战略执行中的核心难题。

组织要建立起优秀的执行能力，做好执行设计，须搞清楚三个基本的问题。

一是组织是如何有效运营并产生绩效的？组织的运作过程是什么？

二是战略执行设计的思考逻辑是什么？不正确的战略执行设计错在何处？

三是构成组织能力的要素是什么？他们之间是什么关系？如何展开组织设计？

组织运行的"三过程"理论

任何一个组织，大到一个集团公司，小到一个部门，甚至个人，它们开展工作、达成绩效的过程，本质上是由三个过程组成的。这三个过程是"面向任务的过程、面向组织能力的过程和面向个人的过程"（如图9-1）。这三个过程的综合作用决定了绩效结果和战略的执行能力。

```
输入    战略目标  ┌─────────────┐  输出    组织绩效
────────────────→│面向任务的过程│────────────────→
                 │面向组织能力的过程│
                 │面向个人的过程│
                 └─────────────┘
环境         ↑反馈          ↑反馈
```

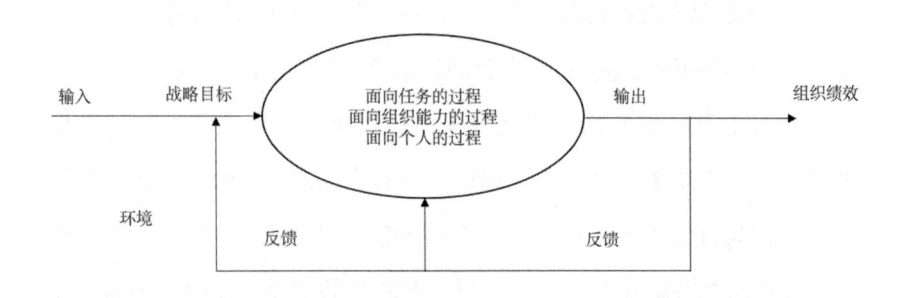

图9-1　组织运营的三过程逻辑

面向任务的过程，主要指聚焦于"什么是正确的事以及如何把正确的事做到位"，包括商业环境变化的识别和洞察、企业战略的制订、把战略目标转化为绩效管理过程、日常运营和复盘管理，也包括专业和业务领域的运行与管理，如供应链管理、生产运行管理等。

面向组织能力的过程，主要聚焦于"组织能力与事的匹配性"，主要包括组织设计、流程和业务模式、考核、人才梯队和组织文化等。

面向个人的过程，主要聚焦于"核心领导者管理以上两个过程所需要的个人能力"，主要指领导者驾驭"面向任务的过程"和"面向组织能力的过程"所需要的领导力和价值观。

针对一个具体的组织，如一个从事B2B业务的销售团队，以上三个过程是如何运转的呢？

面向任务的过程：主要指销售目标制订到日常销售活动管理所

涉及的活动。这些活动包括三个方面：第一个方面是销售战略层面，包括客户策略和销售策略、行业策略、区域策略、产品策略等；第二个层面是市场经营方面，包括理想客户的深度经营、新客户的细分市场的发现、新产品和解决方案的推出；第三个层面是运营效率方面，包括销售过程、销售活动和销售行为管理，销售指标的分解和日常监控，大项目的分析与销售行动管理等。

面向组织能力的过程：主要包括销售人员的配置与人才梯队、销售训练和辅导系统、绩效考核系统的设计等。人员型销售业务的商业本质是销售人员的质量与数量的发展，因此销售人员的招聘、训练和盘点，才是确保面向任务过程取得高绩效的关键。如果团队的人岗匹配度不高，团队销售文化散漫，那么，无论面向任务的过程多么正确，都不可能得到高效的执行。

面向个人的过程：即使一个销售团队的管理者把面向任务的过程和面向组织能力的过程规划得非常清楚，能够连续一致地排列面向任务的过程与面向组织能力的过程的工作，也不能确保一定能够取得高绩效。以上两个过程的实施，需要管理者的领导力和价值观支持，比如，直言不讳、管控能力对于销售过程的管理特别重要；管理者的人际成熟度、面对人际压力下的果敢决断和人力资源素养，对于不断优化和调整团队结构至关重要；管理者的价值观，对于组织团队的销售策略、资源投放方式的抉择至关重要，毕竟在现实工作中，很多的销售管理者都把资源投放在短期目标增长方面。

任何组织的运行逻辑，都是以上三个过程综合作用的结果。以上三个过程的一致性，是解码组织行为的关键，也是执行设计与管理的核心。在三个过程中，面向组织能力的过程和面向个人的过程，更具有根本性。面向任务的过程产生的绩效结果，从根本上说是由面向组织能力的过程和面向个人的过程决定的。面向任务的转换过程是显性的，是一条明线，主要研究企业打什么战役，每个战役如何取胜，每个子系统在做什么、每个人在做什么，做的结果如何。面向组织能力的过程和面向个人的过程是隐性的，是一条暗线。战略目标和策略确定以后，短兵相接时，决定胜败的还是士兵的实力。如果士兵实力不足，再好的战略战术也摆脱不了失败的命运。

电力行业是经典型战略行业，未来有可能实现全国范围的电厂统一竞价，这意味着发电厂的地理位置属性已经基本不成为竞争约束，全国范围内的自由竞争形态基本形成。电力发电厂的业务属于基础设施型的业务，这种业务有个原则是规模取胜、强者恒强。基于这样的商业本质，好的战略是应该扩张优势电厂的规模、进一步发展港口和铁路沿线的电厂、关闭偏远和中小电厂。执行这样的战略，对领导者提出了极高的领导力和价值观挑战，因为解散小电厂会面临极大的社会压力和实际运营难题，并且业绩往往在5年以后才会看到，那时候此时的领导可能已经不在其位，属于真正的"前人栽树、后人乘凉"。大部分的领导者，宁可利用银行贷款，给中小电厂和偏远电厂输血，也不愿意承担当下的挑战和麻烦。因此，面向个人的过程，对于执行面向任务的过程和面向组织能力的过程起到了根本性的影响作用。

专家和咨询顾问往往在面向任务的过程和面向组织能力的过程方面可以给客户提出很好的建议，但不代表着咨询顾问是最好的执行者，因为他可能缺乏面向个人的过程所需要的领导力和价值观。这是很多咨询公司的专家到企业中担任高管会水土不服的原因。

企业在实际运作过程中，一般会将面向任务的过程分解为战略管理流程和经营管理流程，将面向组织能力的过程和面向个人的过程整合，形成人才管理流程，这三大流程形成企业经营的核心流程（如图9-2）。

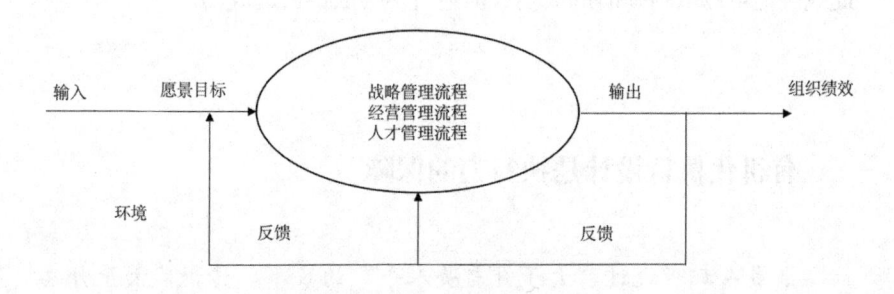

图9-2 企业经营的三大核心流程

除外部环境系统外，该系统主要由以下部分构成。

一是战略管理流程线：包括外部环境的识别、经营趋势的判断、商业模式的确定、创新焦点和核心能力的识别、战略目标的确定、主要的战略重点和任务，同时包括与战略相关联的组织结构设计。

二是运营管理流程线：面向任务的经营管理系统由四部分组成，分别是企业的绩效指标管理系统、企业的关键任务管理系统、企业财务预算管理系统、企业的生产经营流程，这四个部分是企业日常运营管理的主体内容。

三是人才管理流程线：主要是人才组织的人才梯队管理和建设。

企业经营管理的核心是平衡战略线、运营线和人才线之间的关系，并使之一致。以上三条线的均衡、一致性和效率，是影响企业执行力的核心因素。因为战略和运营的质量均取决于团队，所以从更长远的周期来看，企业的竞争本质是人才竞争。

一个成熟的企业领导者，必须平衡战斗与练兵的关系，在二者之间合适地分配时间资源和预算，兼顾短期与长远，不仅擅长指挥战斗，而且精于练兵；一个不成熟的管理者，会把主要精力放在战斗的指挥上，过分专注于任务过程，不能在任务过程和能力过程中平衡安排时间，因此或许他可以取得一时的成功，但绝对不会取得长远成功。

有机化执行设计是执行力的保障

很多人都听说过"太子丹与美人手"的故事。传说燕太子丹宴请荆轲，请美女弹琴。荆轲见那女子的手秀美非常，优美的乐曲从那手中倾泻而出，不禁赞叹："好手！"于是燕太子派人砍下了美女的双手放在盘子里送给荆轲。

很多人看到这个故事都觉得太子丹很荒谬。美人的手只有作为美人的一部分才能展现它的美，也只有作为美人的一部分才能弹奏出动人的旋律。被砍下来的美人手就成了令人恐怖的残肢，毫无美感。但是很多人却看不见一个组织其实也像美人一样是个有机的整体，机械地将组织拆分成若干部门，组织将不再具有活力。

把组织当成一个有机体，还是一个机械体，是进行执行设计的基本前提。组织是一个系统，是一个有机体，不是简单的机械系统，不是线性的，组织整体并不等于独立的运作系统之和。对于机械而言，无论何时，把各个零件拆分和组合，都是原来的机械，没有变化，系统等于各部分之和。决定组织效能的关键是各部分之间的联系，局部的改变对整体效能几乎无影响。联赛中最优秀的十一个球员组成的球队未必是最优秀的球队，因为决定球队力量的是球员之间的配合和默契程度。

目前在企业执行设计方面，也存在这样两种通行的做法，其中机械型的执行设计方法大行其道，而有机化的执行设计方法直到最近才越来越受到专家和企业经营者的重视。机械型的执行设计方法（如图9-3），一般在组织建立的早期是有效的，在组织达到一定的成熟状态后，执行力会锐减。

机械型的执行设计方法一般是按照系统构成的要素进行分解。有相当一部分的企业在战略目标确定以后，其执行设计是按子系统展开的，详细地定义了各个子系统（或各部门）的工作目标和主要行动，这种执行设计的方法就是机械型的、基于每个分割要素的行动，并不能形成整体合力，往往还造成浪费。

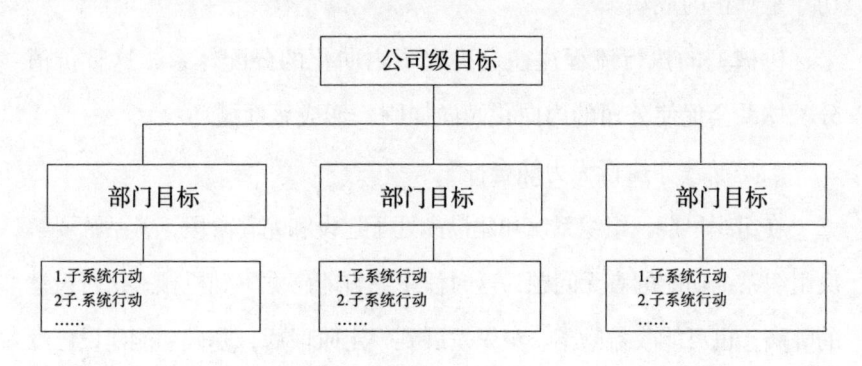

图9-3 机械式的执行设计

机械型执行设计的弊端如下：

一是组织的活力向内释放。

一切有竞争力的组织、组织中的个体和群体的活力指向只能是客户，必须直接或间接地面向客户释放。机械型执行设计是基于子系统或分组展开的，这会导致组织活力向内释放，追求局部最佳，有可能陷入局部最优的陷阱，导致组织经常在满足组织内部需求上花费大量的精力，以至于对组织的外部和环境的界面没有进行有效的关注。

很多企业流行对标管理，要求每个部门都对标一流，因为全局总的改变对系统改变几乎无益，所以每个子系统都追求一流，在战略上是浪费成本和资源的，对战略目标的达成可能没有重大的推动作用，甚至可能出现一种极端的情况，"每个部门的工作都很成功，然而公司死掉了"。

处于机械型执行流程环境下，所有部门本质上都在做两件事：一件是对上级领导和平行部门展现他们是多么努力和出色；另外一件是拼命地监管下级部门，捍卫部门权力。过分地关注内部，使他们忘记了为客户提供商业价值才是最关键的，企业界面而非部门界面的成功才是真正的成功。

机械型的执行流程往往也决定了内向化的分配体系，这种价值分配体系会促使公司的内向化倾向加剧，形成恶性循环。

二是导致"执行无力综合征"。

在组织早期，组织系统和建设尚处于建设和完善阶段，各系统要解决组织系统功能的有无问题，这时候组织可能感觉不到机械式执行设计的弊病，也可能收益颇丰。组织发展到一定阶段后，基础功能建设已经比较完善，内部流程已经固化，组织边界和内部结构也已形成，机械型执行流程的弊端也会越来越充分地展现出来，组织会越来越感觉到执行困难，并陷入到变革困境中，组织就得了"执行无力综合征"。

"执行无力综合征"表现在以下几个方面：信息传递的速度会越来越慢，企业的协同性会越来越差，对市场的响应越来越缓慢，变革成功的可能性越来越低，组织内部的抱怨越来越多，组织的懈怠越来越严重。这时组织的工作大部分更确切的定位是在维持企业的运转，而非塑造差异化能力或让改变发生。

三是多目标行动分散组织资源。

强有力的执行系统依赖于聚焦，强调压强原理，强调不同部分的一致性，要求企业的所有部门必须对着一个城墙口发起连续的冲击，从而集千钧之力于方寸之间，产生极大的压强，进而产生强的执行力。

企业的不同系统之间采取宽泛的功能对功能的对齐方法，其精准性和一致性都是较差的，只能产生较低层次的一致性，这就是机械型执行流程的根本弊病所在。每个部门都在做似乎是对的事情，从整体上看，整个组织的行动是推动业务进步的多目标行动，而非聚焦的单一目标行动。

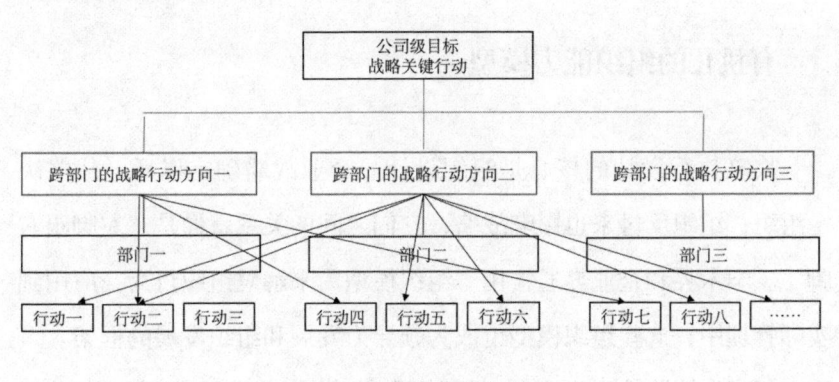

图9-4 有机化执行设计

有机化执行设计（如图9-4），一般是在组织中找到一个有效的干预点，这个干预点通常是一个跨部门的重大行动，因此就识别和建立了一个相关联的情境。关联组织中的相互作用的要素，使每个部门在总体行动中承担相应的行动责任。与机械型执行的粗对齐不同，有机化执行设计采取行动对行动的方法进行协同,从而达到深层次的一致性,提高协作的精准性和效率,从而提高执行系统的效率。

有机型执行流程往往是围绕着基于某种产品或服务的核心任务展开的,这些任务一般是外向的、业务层面的、综合的、跨部门和系统的。这些跨部门的关键任务又以子任务的方式分解到子系统的部门和员工,各部门之间通过行动对行动的方式协作这些跨部门的任务,一般具有可见性,往往可以用外部的、市场层面的结果来衡量。我们通过这个结果来衡量各个分系统独立工作效果如何,不同系统间的协作性如何,企业定期评价跨部门的核心任务是否达成外部的市场结果,确保了绩效测量的客观性,确保组织的活动释放和价值分配是基于客户价值创造和客户层面的成功。

有机化的组织能力模型

战略执行设计的核心是组织设计。企业战略确定以后,战略决定组织;组织反过来也影响战略,它们之间的关系就像是"左脚跟右脚"。学术界和企业界通常用"组织模型"来解码组织行为,应用到实际管理中,这些组织模型也成为领导力发展和组织发展的框架。

很多中外学者提出了一些组织能力模型,有些模型是支持有机化组织设计,有些组织能力模型不支持有机化的组织设计。那些不支持有机化组织设计的组织能力模型大部分遵循了机械型组织设计原理,按分组或要素展开,并不强调要素之间的联系,比较通俗,然而并不具有高的执行力,可应用于组织能力诊断,不太适合支持高效组织设计。

在众多的组织能力模型中,Nadler-Tushman模型,即20世纪70年代末提出的"组织分析一致性"模型（如图9-5），遵循了有机化组织设计的原理，成为知名的IBM公司战略管理流程工具BLM（Business leadership model）的基础模型，也是最反映有机化设计原理的一个组织能力模型。

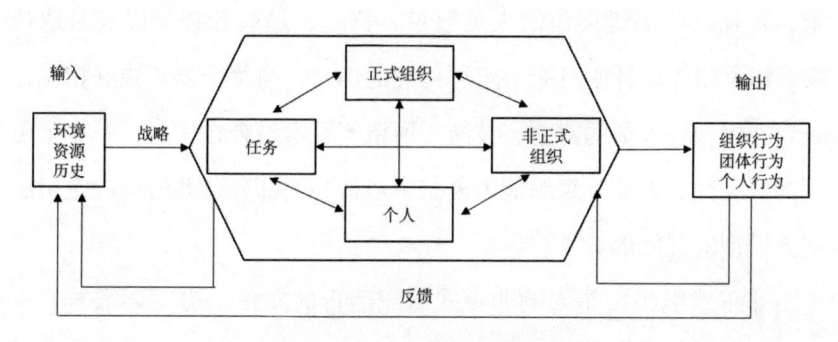

图9-5 组织分析一致性模型

Nadler-Tushman"组织分析一致性"模型，是建立在对环境要素进行适时的识别和管理基础上的。模型中的组织能力要素包括关键任务、正式组织、非正式组织和个人四部分。模型的输出是个人、团队和体系的行为，并且最终决定产品/服务、组织绩效以及有效性。

关键任务：是组织设计的基础，起到支撑战略和连接组织设计的作用，关键任务须瞄准战略或商业设计的关键成功因素，是实现战略目标和构建核心竞争力的关键性的行动。

正式组织：是指人们为了完成某个共同目标而按照一定的规则建立的人群集合体，是具有一定结构、同一目标和特定功能的行为系统。任何正式组织都是由许多要素，且按照一定的联结形式和规则组合而成的。正式组织是组织设计的硬件部分，一般包括组织结构、岗位、系统与流程、绩效考核与晋升等四个方面，决定了组织运行的显性规范。这是组织设计中非常可见并且容易动手的部分，因此多数的管理者都愿意从此处入手进行组织变革。甚至可以说，正式组织设计成为绝大多数高层管理者在变革管理中愿意使用的利器，谁不会正式组织设计，谁就不可能变革成功。

人才（即个人）：定义了承接关键任务的关键岗位及其人才要求，包括某些关键岗位的人员数量、特质、经验和技能以及获取策略。这是组织设计中具有一定可见性的部分，与每个要素独立相比，一致性模型将人员的能力、技能、风格等要素融合在一起，具有了更高的可见性。人才是组织能力模型中最核心的部分，并最终决定组织能力模型的其他部分。

非正式组织：是影响非正式组织运行的文化、道德要求等，决定人的行为的隐性规范，是组织中人们实际上做的事情。这是组织能力中最不具可见性的部分，组织通过改变组织能力的其他三个模块，如组织结构、绩效考核、晋升等方法，去推动文化的改变。

Nadler–Tushman"组织分析一致性"模型的主要优势在于：这是一个基于交互和联系的模型，不仅强调从关键任务至正式组织、人才和文化氛围的理性分解过程，同时也强调人对任务、正式组织、非正式组织和文化氛围的反作用，强调二者的互动，重视了变革过程中的人文障碍，更符合企业的实际情况。模型很好地反映了第三化组织理论社会网络理论的要求。模型有很好的可见性，除非正式组织外，模型其他部分的可见性都比较好，无论是任务、正式组织的每个构成部分和人才，其组合方法都实现了尽可能高的可见性。可见即意味着可测量，即意味着更高的执行力。同时，这也是一个开放性的模型，始终关注与外界环境的变化，关注组织的绩效差距和机遇差距，这一切确保组织设计都围绕着市场结果展开。

第十章
绩效指标与关键任务

从任务视角看，企业的战略执行控制系统一般由输出控制系统与行动控制系统、程序系统三部分组成。输出控制系统对经营活动的结果进行管理和控制；行动控制系统对实现战略的关键任务和行动进行管理和控制；程序系统则规定了实现价值链的日常性的流程性的工作，如生产计划管理系统、销售管理系统等。三者相互补充和协调，共同确保战略目标的达成以及业务的有效运作。输出控制系统在实际运营中的体现形式是绩效体系，行动控制系统在实际运营中的体现形式通常是战略硬仗体系，或者称战略管理点体系。

输出控制与行动控制的功能与区别

绩效目标系统管理规定了每个生产经营单位的产出标准，并衡量评估产出是否达标。企业进行绩效控制的目的是调节特定组织的总体输出成果。绩效控制关注的是一定时间内的总产出成果，并不关注特定时间点上的特定决策或行动，比如绩效指标要求在7月将成本降低3%，但不会规定是控制原材料成本，还是采用新的生产设备。

绩效控制系统适用于比较独立的组织（比如一个业务比较独立的事业部、业务单元），一般情况下，这个组织的市场目标对其他部门的依赖性比较弱，上级部门可以靠绩效控制系统对一定时间内的成果进行监督，但是如何实现这个目标则可以由组织自行规划。在绩效控制系统下，上级部门对下级部门的行动实施间接的影响，进行输出管理而非过程管理。

绩效控制的方法对于价值链的职能性工作有一定的局限性，因为职能的工作往往较难用商业结果类的指标衡量。绩效控制系统因为没有对达成结果的方式进行协调，因此对于解决不同部门间的协同效率有一定的局限性，很难适应瞬息万变的行业和领域的快速协作的要求，也难以满足企业重大变革的高难度协调的要求。

行动控制指定了特定时间点上要开展的特定行动以及需要达到的标准，并规定了行动的方式。绩效控制系统可以说"把销售额提高10个百分点，方法你自己定"。而行动控制系统则会要求"通过推出在线英语学习产品的方式来实现销售增长10%"，不但规定了产出要求，而且规定了产出方式。

绩效控制系统是基于部门分组的，行动控制系统一般不考虑部门分组，甚至会有意识地选择跨部门分组的行动，以实现更大协作和更艰巨的企业变革。行动控制系统要详细说明要采取什么行动、每个部门在其中负责什么、达到什么样的标准、什么时间完成、不同部门之间如何配合、每个部门的输入输出是什么。

明茨伯格在《卓有成效的组织》中举了一个例子，充分证明了行动控制系统在协调和执行方面的优势。在著名的滑铁卢战役的最初阶段，拿破仑的军队分成了两部分：由拿破仑皇帝亲率右翼，在利尼迎战布鲁彻；军队的左翼由马歇尔·奈伊元帅指挥，在卡特勒布拉与惠灵顿对垒。奈伊和拿破仑本人都在为进攻做准备，而且两人也为此制订了周全的作战计划。不幸的是，两个人的计划都要依赖埃龙的军队在敌人后方做最后的一击。由于他们三人没有很好地交流各自的作战计划，再加上作战当天的指挥不够明确，埃龙的军队一整天都在两个战场之间跑来跑去，未能投入任何一场战斗。其实就算当时他们的战术方案并不高明，但只要配合得当，也能取得更大的成功。这个例子告诉我们，在重要的变革和严酷的商业环境中，组织需要用行动控制的方法以获取更好的执行力和协调性。

绩效控制和行动控制是两套独立的管理系统，大部分情况下，两种系统是可以并行存在的。那么企业应该如何应用和选择呢？传统行业可强调绩效控制体系。

对于变革要求较高的成熟行业，须同时强调绩效控制系统和行动控制系统的作用，在建立绩效指标的同时，制订年度性的战略硬仗，通过绩效指标系统管理日常运营，通过行动控制系统进行变革管理。

对于行业不成熟、环境变化较大的行业，可弱化绩效控制系统，强调行动控制系统的作用，通过行动控制系统实现管理的灵活性和高度协同性。

对于价值链前端部门可以强调绩效控制，对于价值链后端部门可以强调行动控制。

绩效指标的识别与策划

绩效是什么？这是个简单的问题，实际上最难回答。我们翻阅浩渺的管理图书，发现并没有一致的答案。

彼得·德鲁克曾说："所有的组织都必须思考绩效为何物，这在以前简单明了，现在却不复如是。"

目前大家普遍认为绩效是结果，这种观点流传最广，应用最为深入，也有人认为绩效是行为，还有人认为绩效是知识、技能等，是组织和员工的能力，可以通过工作转化为商业结果。《牛津现代高级英汉双解词典》对"performance"的释义为"执行、履行、表现、成绩"。我认为绩效应该包括三个层面的内容，即业绩结果、行为、组织与个人的能力。绩效是一个多维建构的概念，观察和测量的角度不同，其结果也会不同。

纯粹定义结果为绩效的认知，在实践中容易出现两大问题。一方面，组织的潜力、核心竞争力建设和未来的持续盈利能力应该归为"成绩和表现"的一部分，而不应该被忽略，否则必然导致短期主义，不能兼顾长远；另一方面，结果往往是内外部因素共同作用的结果，将结果全部归为组织和个人"成绩和表现"，必然引起误判。在实际操作中，我们经常看到某个组织或个人的业绩结果不错，但在进行了组织能力盘点或个人能力盘点后，发现能力和绩效结果二者之间存在较大的不匹配，这时候再单纯以结果作为绩效，是不负责任的，也是有害的。另外，我们在制订结果指标时，很难保证制订考核基准的合理性和公平性，这也会导致以结果论"成绩和表现"的误区。

对于绩效控制系统而言，目前比较流行的绩效指标体系有KPI(关键绩效指标法)和BSC(平衡计分卡法)。企业须理解KPI和BSC等方法的本质，通过推动绩效指标体系，确保战略的落实，从输出控制的角度看，KPI和BSC二者并无本质差异。KPI与BSC相比较，前者更灵活，后者更强调结构化，更具有纪律性。BSC从财务指标、客户层面指标、流程指标、学习成长指标四个维度提出了衡量战略的结构。因KPI没有严格的指标结构约束，因此在实施过程中容易过分重视财务结果。为了避免这种情况，有些学者提出类似遗赠指标这样的概念，试图去改良KPI实施过程中的缺陷，指出企业应同时关注核心竞争力指标和财务指标，不能只考虑短期目标。无疑，BSC兼顾了商业结果、行为和能力，因而更加均衡。

KPI是英文"Key Performance Indicator"的简称，其理论基础是依据帕累托提出的"二八原理"，组织的绩效是由关键少数百分之二十决定的，KPI就是要抓关键价值驱动要素，抓主要矛盾，通过对主要价值驱动要素的管理实现经营意图和战略目标。KPI实际上是把企业战略成功的关键要素转化为可量化或者行为化的一套指标体系。KPI的目的不只是为了考核，而是以关键指标为牵引，把组织建设成战略中心型组织，确保组织的资源配置到与关键绩效指标相关联的领域上，使组织全体成员的精力和经营重点能够聚焦在成功的关键要素上。

为了克服KPI实施过程中出现的过分重视财务指标的倾向，实现企业长期发展目标与短期目标的均衡，美国哈佛商学院的卡普兰（Robert S. Kaplan）与诺顿（David P.Norton）于1992年提出平衡计分卡（Balanced Score Card），主张从财务、客户、内部运营、学习与成长等四个维度来评价企业经营业绩，因此平衡计分卡比KPI更有纪律性。平衡计分卡通过明确企业愿景和战略，将组织战略转置于核心位置，将战略目标真正转化为员工的日常行动，通过纪律性的指标结构强化企业的长期目标和短期目标的均衡性，当然也带来极大的实施难度。

无论是KPI，还是平衡计分卡法，在实施过程中都要关注以下三个方面。

第一条是必须确保是衡量结果而非衡量过程。

绩效指标体系的精髓是对输出进行控制，而不管过程如何完成，因此绩效指标大部分情况下应该是结果指标，不能是过程性指标。如果在KPI中出现了过程指标，就可能稀释管理责任，得不到组织想要的结果，导致执行力的下降。管理者在执行过程中会觉得我把这件事做了就可以，但是对于做这件事对组织产生的结果并不关注。

在绩效管理中出现过程指标，最可能出现的情况是"行动完成了，但对上级部门的绩效结果没有支撑作用"，极端的情况是"部门指标都完成了，公司死掉了"。如果在实施中出现类似情况，大概率是部门的绩效指标出现了大量的行动性指标。如在"在3月前举行一次市场会议"，这是衡量过程，结果指标应该是"客户签约量"。出现这种情况后，部门只对做事负责，对结果不承担责任。

在绩效指标分解的过程中，正确的思维方式是："该部门哪个绩效指标的改善，可以有效地支撑上级单位或平行单位的绩效指标？"这是采取输出控制系统的正常思考过程。相当数量的管理者往往按照错误的方式进行绩效分解，即"该部门能干什么，可以有效地支撑上级单位或平行单位的绩效指标？"这是典型的行动控制系统的思考方法，容易形成很多行动性的指标。

某部门的绩效指标如下。

所属部门：服务发展部							
维度	序号	关键绩效指标	单位	权重	频度	年度目标值		
^	^	^	^	^	^	T1	T2	T3
组织绩效类指标	1	公司组织绩效指标	项	40%	年	85	100	115
岗位绩效指标	2	顾客投诉管理体系运行维护，建立并启用旅客意见管理系统	项	5%	年	--	完成	
^	3	推进第三方满意度调查项目实施	项	5%	年	--	完成	
^	4	典型服务事例推广、激励	项	5%	季	--	完成	
^	5	顾客投诉分析、客户体验等数据发布与督进	项	5%	周/月/季	--	完成	
^	6	服务危机事件处置	项	10%			完成	
^	7	员工报告服务不正常事件调查管控	项	0%	天/周/月		完成	
^	8	维护社会监督员服务评价渠道及客户关系	项	5%			完成	
^	9	月度工作计划制订和实施	项	5%			完成	
合计	--	当月综合表现	项	20%			完成	

该绩效指标基本全是行动性指标，涉及的大部分都是部门的常规工作，与战略有关的指标基本没有，管理责任难以落实下去。同时，指标数量过多，权重比例较小，进一步降低了其实用性。

第二条是确保指标的垂直对齐和水平对齐。

企业为什么要建立绩效指标体系呢？有人说是为了考核，有人说是为了分解责任，这些都对，但不是全部。企业建立绩效指标体系的最终目的，就是让企业的各部门集中资源，围绕着战略目标开展行动，使企业成为以战略为核心的组织。因此，绩效指标要起到战略引领作用，关键是部门之间的绩效指标需要具备一致性，否则绩效考核就是在制造部门壁垒，每个部门只是在追求自己的结果，没有任何协作性可言。

以平衡计分卡为例，一个好的平衡计分卡绩效指标，必须保证三个一致，即上级部门绩效指标与下级部门绩效指标相一致，后台职能部门绩效指标与前端业务部门相一致，平衡计分卡内部的四个指标前后相一致。平衡计分卡的四个指标（财务指标、客户指标、流程指标和学习成长指标）的内部一致性是指：为了股东满意，我们需要达到什么样的财务指标；哪些客户层面的指标变化有利于我们达成财务指标；哪些价值链流程的指标改善有利于我们完成客户层面的指标；哪些能力和内部机制的指标改善能够帮助我们达成以上三项目标。

某家从事软件业务的企业，未来三年的主要战略目标是在全国通过代理模式扩大软件销售规模。该公司销售部门的核心绩效指标有两个，一个是销售收入规模，一个在外省形成的销售能力指标。这年他们销售收入指标超额120%完成，但外省的销售能力指标没有完成。如何评价这种现象呢？有的人会说，主要收入指标完成得那么好，其他的不要管了。也有的人持不同的观点，认为外省的能力指标没有完成，意味着在其他的协同部门可能产生一个因不协调导致的成本，如研发的高成本投入是以在全国范围内实现销售为前提的，因此，这个指标不能达成，对公司的战略和成本的影响是较大的，必须认真考核，二者不能相抵。显然第二种观点更能体现我们对绩效管理的定位。

为了确保一致性，无论是输出控制（绩效控制），还是行动控制，展开流程都是先水平部门对齐，再垂直对齐。如果只对绩效指标进行纵向分解，不能产生水平一致性，只会制造"部门墙"。做水平对齐时，先制订前端部门（面向客户的部门）的指标，再制订生产部门（面向生产的部门）的绩效指标，再制订支持部门（职能部门）的绩效指标。前端部门对后端部门提出绩效要求，所有部门对支持部门提出绩效要求。水平传递和分解结束后，再进行垂直分解和对齐，然后在每个小部门内部水平分解，依次循环进行。

在要求产生一致性的时刻，组织都可以通过回答这样的启发性的问题，得到相应的答案：

对于上一级或平行部门的关键目标，假设在其他方面不发生改变的前提下，我们团队提升哪方面的指标表现可以对其产生最大的影响？

为保证上一级或平行部门关键目标的实现，我们团队可以在哪方面做出最有杠杆作用的贡献？

为实现上一级或平行部门的关键目标，我们团队有哪些最薄弱环节亟需改进？

我们必须克服两种错误的倾向，在实践中比较盛行两种粗暴的绩效指标分解方法。

一种是指标上下一般粗，没有分解，例如从公司层面至售前服务部门层面，甚至到员工层面，全是一个客户满意度指标，这种拆分在管理上没有任何意义。绩效管理的基本原理是员工承诺，员工承诺的前提是员工必须对该绩效指标具有相当程度的可控性（很多企业在实践中把影响程度达到80%以上定为可控）。一个员工怎么可能对公司的顾客满意度指标拥有可控性呢？

另外一种方法，我们不妨称之为"封建连坐法"，同样一个指标，一个部门承担百分之多少比例，另外一个部门承担百分之多少比例，用粗暴的方法解决协作问题，看似解决了问题，实际上只会造成推诿扯皮，不具可控性的绩效指标，在管理上没有什么意义，只能让大家把绩效管理当成一个游戏。绩效指标分解要识别出部门能够控制并且能推动上级绩效目标的结果指标，不是推卸责任。

第三条是将绩效指标的结构和数量与战略意图相联系。

追求过多的绩效指标数量是绩效指标制订的陷阱，看似面面俱到，实则混淆管理重点，稀释了核心指标的比重。为保证对关键输出结果的控制，实现最重要的管理意图，组织可以采取三个方法：一是减少指标数量，一般建议维持3~4个指标；二是提高核心指标的权重比例，核心指标权重一般不低于20%，并控制低权重的绩效指标数量；三是在绩效指标考核时，把某些指标作为启动指标，一旦启动指标不能满足要求，绩效考核不兑现。

为什么指标减少不下来呢？这与一个问题的回答有关："绩效指标体系究竟是面向职责的，还是面向策略的？"KPI是策略性的，不是职责化的，没有必要全部响应部门职责。KPI即使不响应部门的全部职责，也不意味着部门责任的减轻。KPI是基于战略的、聚焦主要矛盾的、可以层层分解的指标体系。KPI指标体系应该简单、直接，聚焦于战略目标，承接企业战略意图，解决主要问题与矛盾。KPI只抓取关键的、与业绩直接相关的指标。如果是面向职责的，就会把方方面面的工作都放进来，就怕少了任何一项，导致指标越加越多；如果是面向策略的，这个问题迎刃而解，就会只关心与重要业务和关键改变有关的产出指标，其他的工作指标列入常规工作，不出现在绩效指标中。当然没有出现在KPI中，不代表不是你的工作。

每当你感觉到部门的指标难以裁减时，合适的引导问题是："如果只保留一个指标，你们会保留哪个？"企业面临的经营管理问题是方方面面的，如果想要面面俱到，一定会顾此失彼，陷入复杂而无法操作的陷阱。考核指标就是一个指挥棒，企业在发展过程中，资源是有限的，所以要抓取关键的、与业绩直接相关的指标，利用KPI来集中配置资源，牵引组织和员工的行为，让战略能够有效聚焦，以关键要素驱动战略目标的实现。

绩效指标的结构是另外一个重要的问题：到底采用哪些指标，不采取哪个指标？每当陷入指标争议的时候，这时候我们可以下面的问题终止我们的争论："请描述一下成功以后的场景是什么，用什么样的指标结构可以充分描述你所说的成功场景呢？这个场景符合你的初心和期待吗？"

某旅游公司2018年江苏地区的收入是2000万元，其中一个部门的主要收入来源是省旅游局一个客户，占收入比重的80%。在制订2019年的目标时，总经理与该部门达成总识：2019年该部门的绩效指标围绕"增长、均衡、网络+能力"这三个主题来制订。这三个主题对应公司对该部门的意图是：有效增长，为公司的增长做出特殊利润贡献；化解本地的经营风险，业绩结构更加均衡；探讨以省为单位的销售网络构建模式，并形成全省网络和能力。基于这样的意图，他们2019年的绩效指标如下：

战略意图	指标	指标数值	比重
增长	销售收入	3000万	70%
均衡	除旅游局以外的客户收入占比	40%	15%
网络+能力	当年成立并形成5个销售收入100万以上的办事处	8个	15%

目前的绩效指标比单纯的3000万收入指标在经营管理方面更有意义。如果仅是3000万的绩效指标，就是仅对总量进行控制，不对结构进行控制。部门可以用其他的方法完成指标，不代表区域的经营能力有了本质的改善。假如某一客户突然在当年下了一个大单，就可以达到目标，这时候运气和市场机遇起的作用更大一些。但采用以上指标结构后，部门如果能完成以上绩效指标意味着区域的经营质量有了本质性的提高，并且能够看到区域的长期增长潜力。同时，这些指标清晰地指明，部门应该在区域销售网络建设、发展销售能力、培养管理者方面下力气，使用资源并力求突破。

好的指标结构能够协调当下的增长和未来的潜力的关系，做到长短结合，使组织长远目标和短期目标有效结合，既关注当下的现实，又关注长期竞争力。使用平衡计分卡的组织，主要是通过调整平衡计分卡四个维度的比重，使绩效指标与经营实际相契合。比如，对于处于早期阶段的业务应强调客户层面的指标比重，弱化财务指标的比重，强调商业试验和市场拓展；对于成熟业务，加大财务指标的比重，强调业务创造现金和利润的能力。

客户经常问一个问题："对销售部门而言，不同的行业和区域是否应该采取一样的指标结构，还是采用相同的指标结构仅是数值的差异？"我每次都回答："指标结构可能是不一样的，或者至少权重比例有区别。"不同的行业其行业周期、趋势和形态不同，部门的指标结构可能不同。

例如，某公司面向医药、政府、互联网三个行业开展业务。三个行业在公司发展中的价值定位不同，其绩效指标亦应有差异。如互联网在公司中的行业定位是高增长引擎，组织的意图主要有三个：一是实施范围经营提高单一客户市场份额，必须进入前三名；二是扩大互联网客户数；三是构建能力，形成专业壁垒和核心竞争能力。而对于医药行业，行业已经进入成熟期，组织并不强调大幅度地提高市场份额，本行业的核心定位是为组织提供现金流。对于政府行业，是这个公司的优势行业，下一步要尽快扩展领域经营范围优势，然后利用政府的垂直特点，启动政府市场的全国效应，形成聚合效应。基于以上战略意图，三个行业的绩效指标设置如下。

行业	意图	指标	指标数值	比重
医药行业	获取利润	销售利润	1000万	100%
互联网行业	增长引擎 范围经营	销售收入	20000万	70%
		单一客户业务收入占比	占30%，进入前3名	15%
		解决方案收入突破	2000万	15%

（续表）

		收入规模	10000万	60%
政府行业	快速扩张 产品标准化	成熟区域覆盖	省覆盖率100%；省级公司平均收入不低于500万	20%
		销售人数及效能	20人销售团队 人均效能50万	20%

与大多数公司不同，华为在销售人员的绩效指标体系中拒绝使用简单的销售提成制（即仅根据销售指标完成数值提取奖励的方式），坚持使用BSC（平衡计分卡），因为简单提成制容易引发销售人员为短期目标做一些急功近利的事情，不利于长期经营。对于不同的销售区域和客户生命周期，华为在实施BSC时，每个维度的考核比重也不相同。对于成熟领域，财务指标占比高；对于新进入领域，客户层面指标和能力指标占比高。

战略行动的识别与策划

企业为了强化变革执行力，往往以关键任务为载体展开重要变革和执行设计。为向内部表达决心，引起全员重视，起到号召和引领组织资源的作用，管理者通常把这种关键任务称之为"战略硬仗"，意思是"必打之仗，不得不打赢的战争"。

对于VUCA类的企业，可能没有战略硬仗系统，有时候会以OKR（Objective and Key Results）这样的行动系统代替，这些公司的战略制订与实施控制难以清晰分开。OKR在1999年由英特尔公司开始使用，随后风靡全球。Google、甲骨文、今日头条等众多互联网公司，纷纷采用OKR系统。OKR是"Objectives and Key Results"的简称，O就是objective，即目标；KR就是key result，即关键成果。

OKR作为行动控制系统的一种实践，其基本的原理与战略硬仗系统是一样的。所有OKR系统出现的问题，在战略硬仗系统中也会出现。还需要强调的是，OKR和战略硬仗系统都把一致性当成首要的要求。在这点上，二者的操作流程和方法与绩效指标系统并无不同，因此，有关这一部分的内容不再赘述。

组织的战略一般以3～5年为一个战略周期，每年进行审视和回顾，必要时进行修正。关键硬仗的制订则一般以一年为单位，以年度为周期对组织制订的战略目标发起连续的冲击。为确保组织的投入聚焦，要控制年度关键硬仗的数量，一般以3~5个关键硬仗为宜，确保是影响组织的重大改变。

关键硬仗是执行设计的基础，其质量决定了战略执行设计的水平。那么，什么样的关键任务是好的关键硬仗呢？能够成为关键硬仗的关键任务需要具备战略影响性、战略杠杆性、任务综合性、任务业务化四个特征。

战略影响性

战略影响性要求是战略关键硬仗的最基本的要求。关键硬仗成功之后能够产生巨大效益，或者对经营质量产生根本性的影响，取得令人兴奋的效果。

战略硬仗是做对的事情。什么是对的事情呢？就是与企业的核心竞争能力建设和抓住特定机遇相关的事情。

某保险公司主要业务是借助银行的销售渠道向银行的终端客户

销售保险产品，此公司2019年产值达到行业第一名。如何去识别关键硬仗呢？

首先必须识别业务的关键成功要素。这个业务的根本商业特征有两点：其一，这是通过银行渠道进行的人员型销售业务；其二，这是个人型解决方案业务，属于范围经济的范畴。

该保险公司业务的规模化程度与一线销售骨干和销售管理者的数量扩张成正比例关系。人员型销售业务的本质是"攒人"，也就是说销售业绩的提升与销售人员的增加紧密相关。"攒人"的速度和效率决定了规模和利润情况，至于卖什么产品，其实并非企业的经营本质，仅是变现的方式和载体。通过代理进行的人员销售业务，有利的一面是效率和速度都可以很快，不利的一面是销售系统执行效率可能降低，因为很多活动是依赖于伙伴推动的。

银行保险边际成本并没有随规模增长而大幅减少，管理效能可能随着规模化降低，针对重点客户的范围经营特别重要。银保生意的关键是帮助相关利益者银行实现范围经营，必须走顾问式销售、解决方案销售模式，产品组合向纵深发展，从而实现多次循环交易。

基于以上判断，这种生意中可能构建核心能力的领域体现在五个方面：银行资源开发及数量，产品研发及包装，终端客户范围经营，核心团队人才梯队培养（关键岗位+高潜），适应解决方案的销售人才识别和人员训练。其中前两项是市场早期的关注重点，可以支持业务的快速发展，但从长期来看可复制性强，不可能构建起组织能力壁垒；后三项才是组织的核心竞争力，需要大量的资源投放和长时间的持续努力。

那么如何识别战略硬仗？

既然组织已经识别了业务的关键成功因素和组织需要构建的五项能力，关键硬仗只能对标这五项能力。

针对终端客户的范围经营这个关键成功要素，今年可以制订"针对前10%的高端客户，通过销售××产品，将复购率提升到30%"这样的关键硬仗。今年成功后，明年还要针对这个关键成功因素打关键硬仗。每年持续下去，自然构建起组织的差异化能力。针对销售人员的识别和训练这个关键成功因素，组织可以通过精确人才标准、提高面试水平、建立训练体系等维度，每个识别不同的关键硬仗，持之以恒地做下去。

战略杠杆性

战略关键硬仗的战略杠杆性主要是从方向性提出的要求。仅仅方向对，是不充分的，还必须有杠杆性作用，符合以小搏大的杠杆原理。如人登山，战略影响性解决了登哪座山的问题，杠杆性解决了走哪条路的问题。上山的路径万千条，组织必须证明为什么走这条路而不是其他路，为什么这条路时间最短，最容易成功？越具有杠杆性，战略硬仗的投资收益比越高。

什么是杠杆性？阿基米德说："给我一个杠杆，我能把地球撬动起来。"杠杆就是用最小的力气取得较大的效果的那个点。选择了最有杠杆性的关键任务，不意味其他的路径和措施不行，只代表这条道路可能更有杠杆性，组织放弃了其他的选择，专注于这条道路。

某航空公司为提高机上外语广播的质量，有三个可供选择的方案：一是对乘务员进行英语等级培训和考试认证；二是改善排班方法，把英语水平高的乘务员单独排班，确保每个航班有一位符合要求的乘务员；三是采用AI系统播报，开发软件，软件系统应用后乘务员只需要人工输入信息，实现系统自动播报。

这三项措施中，对乘务员进行英语等级培训和考试认证这个措施成本最高，收益最低，杠杆性最弱；如果不考虑客户界面的接受度，改善排班和采用AI系统播报，显然比英语等级认证的措施具有更高的标杆性。

任务综合性

战略关键硬仗必须有综合性。所谓的综合性，是指包括计划、组织实施、跟踪调整等一系列的相互依存与连贯的活动，往往能导致一个业务结果发生。

战略关键硬仗必须是综合的行动方向，才有可能把更多部门协调起来，完成跨部门的协作，产生管理的变革。一个行动环节或独立的行动都不符合综合性的要求。部门级工作和常规工作一般不列入战略关键硬仗。

比如改善招聘方案，是一个独立的行动，有可能导致流失率的降低和人均效能的提高，这个行动与可能与之依存的销售训练结合在一起，会导致人均效能提升，因此改善招聘方案相对提升人均效能是一个独立的行动。

需要强调的是，虽然要求综合性，但必须有清晰的行动方向和目标，不能仅是个管理意图。如某公司的战略关键硬仗是：大力提升客户满意度。这本质上是个意图，没有行动，不知道杠杆性措施是什么，属于绩效指标的范畴，不属于战略行动系统的管理范畴，不需要通过关键硬仗系统管理。

如果调整为：推行客户分层管理系统，提升顾客满意度。这就符合要求。干什么事情是明确的，就是推行客户分层管理方案。综合性是指这个关键硬仗有很多相互依存的行动才能完成最终目标，可能包括客户分层标准、服务流程的重新制订、绩效考核系统的调整等。调整后关键硬仗就有清晰的行动方向，综合而广泛，满足行动控制系统的要求。

组织应确保关键硬仗的颗粒度合适，既不要太粗，也不要太细。如果颗粒过大，虽然满足了综合性的要求，但容易把主攻目标选得太大，过度消耗组织的资源，导致失败。如果颗粒度过小，往往不够综合，它就失去了通过硬仗解决协作的意义，也无法产生市场层面的结果，可能会导致硬仗不"硬"。

某创业公司2019年的关键硬仗是"加强招聘与人才发展力度，改善组织人才梯队厚度"。在澄清该行动方向时，组织内部确定该内容包括：销售人员的招聘改进、销售训练、高潜人才的识别和培养、关键岗位的招聘等。

到年底的时候，这个关键硬仗目标没有完成。经过复盘，大家一致认为主要原因在于年初制订的关键硬仗过于综合和宽泛，方向不集中，导致精力过于分散，做了很多事，没有突出性的效果。吸取了2019年战略硬仗过于宽泛的教训，2020年的关键硬仗是：完成8名销售主管的招聘与培养，形成30人规模的高效率一线销售团队（年人均效益80万元）。这个行动就是综合和具体之间取得了极好的平衡。

任务业务化

战略关键硬仗应该是外向的、业务化的。组织的战略关键硬仗应优先考虑市场层面、客户层面、机会层面的行动方向，尽量不要在职能和支持层面制订公司级关键硬仗。如果必须在职能和支持层面制订关键硬仗，那么尽量用业务结果指标衡量。

外向还是内向，是针对行动在价值链的位置而言的。行动在价值链中的位置越往前，离客户越近，离财务指标就越近，就越符合"外向的、业务的"要求。如"推进分层客户管理，提高客户满意度"，比"改善员工关怀，提高员工幸福度"更偏外向和业务化。这种比较并非否定员工关怀的重要性，但这些工作完全可以列入部门的日常工作，没有必要列入关键硬仗的管理范畴。

我们反复强调外向的、业务化的，最基本的价值观和理念是用战略关键硬仗促进商业成功，确保组织的成本和活力围绕着客户层面展开，围绕着商业成功展开。

当然，我们强调外向的、业务化的，还有一个重要的原因是：如果是外向的、业务的，判断关键硬仗的正确性和优先性相对容易；如果是内向的、功能的，判断关键硬仗的正确性和优先性会相对困难。如果是内向的、功能化的，从财务和客户层面指标转换到关键硬仗的时候，就需要经过更多层级的分析，这个分析过程的科学性完全依赖于分析者的专业程度。越复杂的分析和结构，越容易出现偏差，从而影响关键硬仗的质量。

某航空公司新乘务员的操作准确性不高。为提高准确率，两个小组提出了不同的行动方向。作为年度的部门硬仗，一个硬仗方向是改善乘务员课程体系，提高培训质量；另外一个硬仗是改善乘务考试系统，提高考试的难度和区分度，并与晋级联系。

哪个行动方向的杠杆性更强呢？比较难判断，取决于分析的经验，在实践中，第二个行动方向的杠杆性高于第一个行动方向。

通过该案例，这两个部门硬仗都是偏内向的，我们在确定哪个硬仗更合适的时候，依赖于企业内部业务人员的经验、洞察力，如果不具备这种能力，在确定关键硬仗时就有可能出现较大的偏差。相对而言，业务层面的、外向的硬仗就更容易做出判断。

以上是战略关键硬仗的四项要求，做到这些，就基本可以识别出质量较高的战略硬仗。实践中只有少数的企业能做好硬仗（包括OKR体系），因为每一个层级的硬仗都要满足以上四条要求，有一条不符合都将极大地影响执行力。

很多企业每年都打战略硬仗。但几年打下来，组织并没有根本性的改变，硬仗不"硬"，一定是在以上四个方面出了问题。

某企业的业务是为客户提供专业化的医学试验即人力资源外包服务。他们2021年的四项战略任务是：一线训练体系的建立，肿瘤业务的区域化扩张与快速发展，精密运营系统建设，网络化招募转型。这四项战略任务的挑战性都很高，都是实现竞争力建设和业务增长所必须要做的事情。

企业在确定战略目标和关键任务后，设计了相应的组织结构，对战略目标和四项任务都进行了响应。此后企业又基于一致性模型对每个战略硬仗识别了组织能力要求，并分解出相应的子项目。下面以"一线训练体系建立"为例，展示组织能力识别以及细化工作的过程。

任务名称：构建一线服务人员能力识别与训练系统

1. 成功标准

人效提升到18.5万；投诉率降低10%；入职率80%；合格训练师20名。

2. 组织能力要求

1）组织结构与职责：建立专门的训练组织结构，训练部门从人力资源部门独立，并成为一级部门；建立全国垂直的训练管理体系，每个大区设训练总监一名、训练经理若干；每个业务机构二把手负责训练。

2）系统与流程：训练系统的建立和运转，依赖于四个方面的系统和流程，分别是：结构化招聘流程、标准化训练流程、标准化操作流程、现场训练工作流程（包括与现场业务的协调）。没有以上四个流程的建立和运转，将难以建立高效的训练体系。这四大流程需要较长的时间建立，今年解决有无和初步运行的问题。

3）绩效考核：此项目的实施涉及项目经理、大区领导、部门经理、骨干员工等人员，必须进行绩效考核调整。其中对训练项目推动经理主要考核进度和成本；对大区领导和部门经理主要考核投诉率、训练人效；对骨干员工主要考核训练成绩和个人业绩。

4）晋升通道：需要将晋升通道与训练成效相联系，成为训练能手是成为经理的前提，训练管理岗位在晋升更高管理者时是必须考察的通道。这样的设计，从组织设计上确保了骨干员工发展他人的积极性。

4）关键岗位：训练总监+训练员+招聘岗位

5）关键能力和关键经验及获取策略

训练总监（1名）：关注能力是推动力、逻辑系统思维、督导能力（画像：情商差点、思维严谨、推动能力强），关键经验是训练体系构建及训练他人经验（购买）、一线业务经验10年，带人和培训经验。获取策略：外部招聘。

训练员（20名，按区域分布）：关注能力是发展他人的意愿、督导反馈直言不讳、逻辑严谨，关键经验是一线业务3年以上经验、至少一个完整的项目经验。获取策略：内部发展加外部招聘。

专业面试官岗位：关注能力是人际洞察力和沟通力，关键经验是有一定的业务经验。获取策略：现有人员+结构招聘面试+兼职。

6）文化要求：

推动训练体系对文化要求很高，主要的文化要求有三点。

一是训练他人的能力是公司的核心竞争力，训练他人比个人贡献重要，工作忙碌不能成为借口；

二是标准化是构建的基础，标准化必须从老员工做起才能成功，老员工应该成为示范，不应该成为阻碍；

三是执行训练必须走出自己的舒服区，切换我们的工作模式和习惯性行为。

3. 主要措施

基于以上组织能力的识别，以下措施是本关键任务的措施（子项目）。

1）招聘全流程标准化（画像、招人、TL赋能等）——HR详细计划

2）强行剥离部分TL的项目管理工作&训练体系（组织结构）调整——HR

3）职业通道设计&晋升标准&发展体系——业务leader

4）考核体系、薪酬体系调整——业务leader

5）训练总监招聘——HR

6）寻找外部合作伙伴——HR

7）训练内容开发和标准化——未来训练总监

8）训练员的训练——未来训练总监

9）训练管理机制的设计和发布——未来训练总监

10）规模训练——未来训练总监&TLs

11）训练竞赛——未来训练总监

12）人才供给与训练基地的建立——HR

通过这个案例可以看出，如果不依赖于一定的组织能力模型，行动控制体系（包括OKR和战略硬仗）很难做出高水平的分解。

为了进一步保障组织对战略硬仗的内容达成共识，战略硬仗须从以下五个方面进行澄清，并在组织的不同部门间达成共识。这种发自内心的认可和相互之间的信赖关系的建立，是保障战略硬仗成功的重要条件。

一是这个硬仗的内容是什么？该问题主要涉及对这个战略硬仗的定义，关键词的内涵，战略硬仗的范畴，包括的内容和过程，战略硬仗的成功标准，成功的场景等。简单地说，就是澄清"关键硬仗是什么，不是什么，如何描述成功状态，用什么指标衡量"。

二是为什么要打这个硬仗？澄清战略关键硬仗的必要性、产生的背景，以及战略意义。

三是为什么这个战略硬仗在各种备选方案中具有优先性？澄清都有哪些可能的备选方案，每个备选方案的优劣势是什么，基于什么样的考虑选择目前的行动方向而不考虑其他的行动方向，为什么该方案可以产生最佳的杠杆性作用？

四是为什么这是合适的时机？澄清为什么在此时实施关键硬仗，关键硬仗和后续行动的路径和依赖关系是什么，为什么这是最优的时机？

五是为什么组织能够成功？澄清组织有哪些优势可以帮助我们取得成功，业内有没有类似的实践，失败的可能性及措施。

战略关键硬仗的澄清过程就是组织达成共识的过程。这种共识是高效执行的基础。

某在线教育产品公司战略是围绕一个IP，将网络小说拍摄成电视剧、游戏、广播等轻衍生品，并以此为基础确定了年度的八项主要工作。

在与部门领导进行评审和回顾八项主要工作的时候，发现没有一项工作能够对IP一体化形成有效的支持。这意味着IP一体化经营是一个口号，是美丽的空中楼阁。

这时候相关的部门负责人告诉我，他们也说不好这个战略对不对。领导人在解释这个战略时是这样讲的："我们小说网站也不行，拍摄电视剧没有资金，也没有成功经验，做游戏也不能进入前列，因此我们实施一体化战略，把几个模块结合起来塑造我们的竞争优势。"

经过深入了解这个公司的能力，大家一致认为这样的战略需要组织同时具备多项核心能力，并且每个核心能力进入行业十名左右才有成功的概率。目前这个条件根本不具备。因此IP一体化仅是一个口号。实施IP一体化意味着每部网络小说都要改编成电视剧、开发游戏和轻衍生品等，但不是每部小说都适合以这三种方式呈现，因此可能某些方式投资效果不佳，从而产生结构化的成本。可见IP一体化会失去每个板块的灵活性，导致财务结果更糟糕。

基于这样的思考，大家认为应放弃IP一体化战略，把各自板块定位为内容生产商更加合适，保持其独立性，然后投资某个重点板块寻求突破。他们准备与老板做一次交流，基于历史的经验，他们对交流的结果毫无信心。如果未达到如期，他们想自发用消极的方法对抗IP一体化，在实际经营中主要以当下的经营效果为主要考虑方向，以各种理由对抗IP一体化。由此可以看出，有效沟通对战略执行的重要性。以上案例告诉我们，对于关键硬仗的发自内心的认可，协同作战部门的信赖，并由此产生的全力以赴、使命必达的热情和投入，是确保执行力的关键。

第十一章
组织结构与运营设计

战略是指组织在竞争性的商业环境中，为了实现与经营环境的协调，并取得竞争优势，而制订的经营计划，战略确定组织的目标，以及组织如何到达那里。战略是经营环境与组织之间的桥梁，直接影响组织设计，组织设计跟随战略，对组织战略的实施结果施加影响。商业环境的变化，会促使战略随之发生转变，并进而要求组织设计调整。

好的组织设计，对于管理者而言，犹如水之于鱼，可以助力业务的发展。不好的组织设计，往往带来流程的束缚，繁杂、官僚的运行方式会彻底牺牲组织的活力，给战略目标的实现带来阻碍。在企业的实际运营中，组织设计与战略的不匹配，是影响众多企业发展的关键因素。

一般而言，组织设计包含组织结构设计、流程系统设计、岗位职权、绩效评估与激励设计四大模块。每个模块之间存在很强的关联性，不是孤立存在的。通过组织结构设计划分企业部门，决定企业的总体运行模式和部门职责；通过流程设计和职权分配，将运行模式细化、规范化、流程化；通过激励制度的设计，对以上机制的有效运营进行实时反馈。

组织结构规划与设计

所谓组织结构，是为实现组织战略目标而采取的一种分工协作体系，通过界定组织的权力、资源和信息流动的程序，明确每个成员在这个组织中具有什么地位、拥有什么权力、承担什么责任、发挥什么作用。组织结构是企业组织的骨骼，反映了组织最重要的管理意图和管理哲学，是进行流程设计、职权分配与设计、绩效评估与激励设计的基础。

在不同的企业发展阶段，必然有不同的组织结构与之相适应。在企业初创期，组织结构比较简单，强调协调能力和灵活性，依靠企业领导人的个人能力，一般采用直线型组织结构。随着企业规模的不断扩大，企业一般会采取区域和行业扩张的战略，这时候对协调能力和专业化要求越来越高，就会构建中间管理层实现专业化管理。随着企业规模的进一步扩大，企业不断进入新的业务领域，为适应多元化发展要求，便会采取适当分权的事业部制组织结构。

由此可见，不同的战略诉求要求不同的组织结构，从而引起部门分工的调整；企业战略决定组织结构，战略重点的转移，必将引起组织结构的调整。

影响组织结构设计的五种基本管理机制

明茨伯格在《卓有成效的组织》一书中把组织的管理工作定义

为五种类型，分别是：相互调节、直接监督、工作过程标准化、工作输出标准化、员工技能标准化。这五种工作机制是组织结构设计的基本元素，它们共同作用将组织聚合在一起。

组织设计的核心是权衡和协调使用五种工作机制。在特定的条件下，组织需要特定的协调机制。五种协调机制是可以相互替换的，组织变革的本质就是用一种协调机制来替换另一种协调机制。但这并不是说任何组织只能依靠一种协调机制，恰恰相反，大多数组织都会混用所有的五种协调机制，无论什么时候，一定程度的直接监督和相互调节总是必不可少的。哪怕组织实现了很高程度的标准化，但倘若没有领导力和非正式沟通，仍然无法生存。

在五种工作机制的基础上，明茨伯格进一步提出，组织中有五种力量，分别是战略高层、中间线、运营核心、专业层、支持层（如图11-1）。

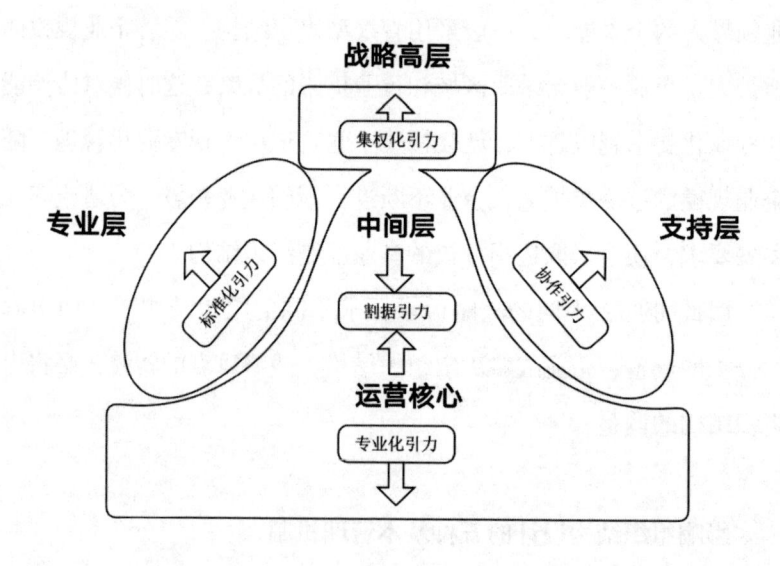

图11-1 明茨伯格组织的五个组成部分

战略高层：是对组织总体负责的人，包括首席执行官以及其他把握全局问题的高层管理者。它有三个方面的职责：第一，直接监督，高层要分配组织资源、发布工作指令、批准重大决策、解决争端冲突；第二，对组织边界状况进行管理，必须花费大量时间将组织活动告知周围环境中的权势人物，为组织营造高层次的联系网络；第三，制订组织的战略。

中间线：战略高层和运营核心之间，依靠中间线上的管理链条，通过正式权力互相衔接。这一链条，从高级管理者到直接管理操作者的一线主管，运用的都是直接监督和协调这两种工作机制。

运营核心：组织的运营核心包括那些从事为产品生产和服务提供直接相关的基本工作的人员，也就是操作者。

专业层：专业层是由许多分析者构成的，这些分析者直接专注于组织结构的设计和运作，负责内部标准化。一个组织的标准化程度越高，它就越依赖于专业层，标准化降低了对直接监督的需要。

支持层：他们不属于操作工作流，而专门提供支持的专门单位。

组织拥有的权责是确定的，权力会在五种力量之间分配，五种力量之间的竞争关系形成组织的政治形态。战略高层天然想使用集权影响力；中间线处于高层、运营核心、专业层和支持层之间，会发挥割据吸引力；专业层会使用标准吸引力；运营核心使用专业吸引力；支持层会发挥协作影响力。组织结构的演变过程，本质上是五种权力的重组过程，比如组织从简单组织结构至纵向一体化组织结构的变化过程，本质就是不断从运营核心收编权力，转移给中间线、专业层和支持层的过程。组织变革的困难在于五种力量都在使用一切方式争夺自己的权力空间，因而产生抵制。比如战略高层极致使用集权影响力，就意味着下属运营核心和中间线的权力缩减，他们往往就会消极怠工；如果强化专业层的权责，运营核心就会质疑专业层人员的专业性并强调业务的特殊性，用专业吸引力对抗变革。

组织结构设计的主要工作就在于协调五种力量之间的权责分配，这种抉择决定了组织的灵活度、敏捷性、专业化和风险管理能力。对于组织而言，如果想要敏捷灵活，就应该缩短中层线层级，限制中间线权力，给运营核心较多的权力，也可以把专业层和支持层放至运营核心，如互联网公司、创业公司；如果组织更强调风险和标准化，就应该强化中间线、专业层和支持层的权力，缩减运营核心的权力，当然也会带来流程的僵化和效率的降低，如传统的国有企业、政府机构；如果组织更强调专业性和创新，就必须缩短战略高层、中间线、支持层的权力空间，强化运营核心和专业层的权力，如科研院所、学校和医院。一旦出现了错配，就会带来管理的灾难，比如在强化中间线割据吸引力和战略高层集权吸引力的情况下，追求组织的创新性和专业性，是不可能做到的。

五种工作机制的协调使用和五种力量权责空间的规划和分配，是组织结构设计的基本原理，是组织结构设计的基调和底板，是根本性的，至于采取哪种组织结构形态，是采取职能制，还是采取事业部制，仅是组织结构设计的呈现方式。在此基础上的流程设计、流程层面的权责分配是更加战术和技术层面的；同样道理，组织结构设计时对专业性、管理跨度、标准化等方面的考虑，也是技术层面的。

不同发展时期的组织结构设计

组织在构建早期，一般主要使用相互协调与集中监督两项主要管理机制。领导者同时拥有支持"协调和监督"两种机制的资源，大权在握，掌握更多的水平方面的资源，如业务领导者同时对生产、交付、服务、财务、人力等部门拥有权力，以便实现资源的整合和对外的快速响应。这种组织结构，又对应两种形式：一种是更强调监督的独裁式的简单组织结构，一种是更强调协调的民主组织结构。

独裁式的简单组织结构，一般指创业者或企业所有人的核心独裁。在这种情况下，组织的绩效主要依赖于核心人员的责任心、经验和能力，在主要依靠这种管理机制的组织中，我们经常听到的一个词汇是"全攻全守"。

创新早期的组织、多变化业务环境下的商业组织、商业模式不清晰的组织一般采用另外一种机制运行，即采用"变形虫"组织结构，组织结构不具有稳定性，组织扁平化，层级较少，不强调规范，主要利用协调的方法开展工作，对外部有较强的适应性。这种组织结构更重视协调，组织一般合作、民主、自由、宽容，且是以创造性劳动为主，通过权力和责任本地化来激发人的积极性、能动性与自我管理能力。这种柔性化组织结构往往是以任务为导向的，可以根据需要而设置或取消。这种组织具有多元化、个性化和差异化的特点，每一个人都是网络组织上的节点，他们之间的联系比在传统直线型组织下更密切，企业内部多种文化和差异、个性则有利于知识和信息的整合。

主要使用协调和监督功能的组织的优势有三点。

灵活性：组织的全部资源控制在主要管理者手中，对外界变化有较强的灵活性。

速度：对于高速成长阶段，具有较强的适应性，有利于抓住高速成长行业的机遇。

低成本：分组内的管理成本和协调成本均较低。

主要使用协调和监督功能的组织的劣势有两点。

专业化和核心能力构建困难：每个分组没有能力部署行业内优质的资源，导致组织的专业化能力发展和核心竞争力建设困难。

"业绩黑洞"频出：此种组织模式过分依赖于分组内的领导者的个人能力，在规模扩张后，往往缺乏足够数量的分组领导者，因此就会频繁出现"业绩黑洞"，企业经营者四处救火，却发现"按下葫芦浮起瓢"，不堪其苦。

对于互联网行业、创新企业以及标准化程度不高的企业（如咨询行业），强调组织的协调和监督功能，具有极高的现实意义。对于成熟阶段的企业、流程标准化的企业，这种组织设计会限制其规模化发展。

1987年，任正非与五位合伙人共同出资2万元成立了华为公司。在这一时期，华为在产品开发战略上主要采取的是跟随战略，先是代理香港公司的产品，随后逐渐演变为自主开发产品的集中化战略。成立初期，全公司仅有6人，还谈不上组织结构。到了1991年，公司也才20多人，采用小企业普遍采用的简单组织结构，所有员工都是直接向任正非汇报。

直到1992年，销售规模突破亿元大关，员工人数也达到了200人左右。组织结构也开始从简单组织结构转变为直线职能制的组织结构，除了有业务部门外，还设有财务、行政、市场等支持部门。

其组织结构如图11-2：

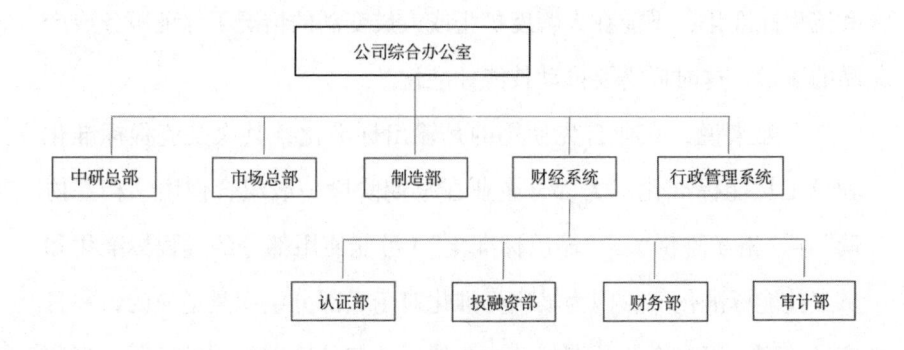

图11-2 华为早期的组织结构

华为在这个阶段的组织结构强调权力集中，通过集权实现高协调能力，以便能快速统一调配资源参与市场竞争，并快速反应外部环境的变化。采取直线职能制的组织结构也是和公司同期的战略发展相匹配的。这一结构在协调方面有巨大的优势，所有的市场营销策略都可以第一时间从公司高层直接传达到一线，从而完成营销任务，并且可以调动任何资源推动产品研发。

任何业务进入成熟期以后，规模化的要求使得利用标准化进行管理成为一种趋势。工作流程标准化、工作输出标准化、员工技能标准化成为组织的主要管理手段，用以替代管理者部分的"相互协调和监督"功能。

对于业务单一、流程化特征清晰的业务，可以实行工作流程标准化，以标准化的方式减少管理者的自治式的"相互协调和监督"内容，并使"相互协调和监督"规范化。对于业务多元化或流程化特征不清晰的业务，可以通过输出标准化进行控制。对于部分业务领域，对标准化的依赖更高，如麦当劳的服务人员，仅通过推行输出标准化和流程标准化,不能在大幅度扩张或人员变动的情况下保证服务或产品的质量,这时候需要推动技能标准化。

一般来说,企业首先使用的是输出标准化,其次是流程标准化和员工技能标准化。大部分企业在早期阶段一般组合使用"相互协调"+"相互监督"+"输出标准化"(可能使用部分的过程标准化和员工技能标准化),因为输出标准化对于大部分组织是适应的,并且容易达到。很多企业长期处于主要使用这三种管理机制的阶段。当这三种管理机制的效率不能进一步满足要求时,"过程标准化"和"员工技能标准化"才成为企业的选择。

在这个过程中企业会遇到两个主要的障碍。

其一,公司内部政治斗争陷阱。当企业由重视相互协调和监督向强调标准化转型时,就会在组织内部建立新的机构,这时候企业的中间层、职能部门就会应运而生。组织间的权力和公司内部的政治斗争也随之展开。初创期间,管理者必须向技术部门、职能部门以及中间管理层让出一部分"协调权和监督权",而职能部门、技术部门和中间管理层以"标准化"为名义介入业务管理。业务部门会抱怨专业部门官僚作风、行动不敏捷,职能部门则会抱怨业务部门不听指令、没有大局观念、能力欠缺,综合管理者天天陷入此类的抱怨,非常头痛。

其二,投机性经营意识转型障碍。企业在发展前期,主要靠一线人员的能力和责任心实现增长,企业会强调一线人员的主观能动性,充分发挥其协调和监督作用,这种方式在早期快速发展的市场上很容易成功,也是早期市场增长的重要路径;但在规模化发展到一定阶段或业务已经进入存量时代,组织须加强标准化和能力建设,适当降低对通过牛人发挥"协调"和"监督"作用推动业绩增长的路径依赖。很多业务的领导人其经营的重点还是"攒牛人"逻辑,头脑中机会型增长的投机思维很强,必将付出惨重的代价。

如果职责部门的权力强化到一定的程度,工作标准化、输出标准化和员工技能标准化的程度要求越高,企业的官僚化特征就越明显,形成两种组织形态,一种是机械官僚制组织结构,一种是专业官僚制组织结构。

机械官僚制组织结构的战略高层具有主要的权力,其他人有很少的权力,大部分按照标准化流程在运营,所有非常规事项主要由组织战略高层决策,一般情况下层级较多。如国内很多的大型国有企业,基本都是这样的组织结构,常态事务运营按流程进行,非常态事件由战略高层决策。这种组织有两个缺点:一个是信息经过多层传递才能到达战略高层,因此速度慢,信息会产生自然损耗或非人为失真;二是决策晚,信息逐级上报传递到高层时,往往已经失去决策时效。

专业官僚制组织结构是组织战略高层和管理层在组织中拥有较少的权力,专业技术机构与运营人员拥有决策权,是一种相对民主的组织结构,专业人士具有高影响力。如学校、医院、专业研究机构都采用这种组织结构,医生和专家在医院拥有较高的权力。一旦这种机制受到破坏,专业水平和业务运营水平会下降。

机械官僚制与专业官僚制组织的共同的成功特征是"规模、控制、角色清晰性、专业",这些特征对于进入规模化和常态化运营的组织来说是有利的,但对保持组织对外界的适应性、敏感性、灵活性、客户导向是极大挑战。

华为公司在2000年左右销售额就已经突破200亿元,相关多元化战略取得明显进展,从单一研发生产销售程控交换机产品逐渐进入到移动通信、传输等多类产品领域，华为成为一家提供全面的电信领域解决方案的供应商。

华为原有的集权式的直线型组织结构已经成为业务发展的桎梏，主要体现在两个方面：一是没有专门的职能结构，在专业化建设方面面临困境；二是员工的数量接近8000人，管理者负担变得越来越重，原有组织结构的效率越来越低，协调工作也越来越多，用企业的标准化代替组织协调和监督机制成为必然趋势。

于是，华为开始进行组织结构的调整，并建立事业部与地区经营部门相结合的二维矩阵式的组织结构（如图11-3）。

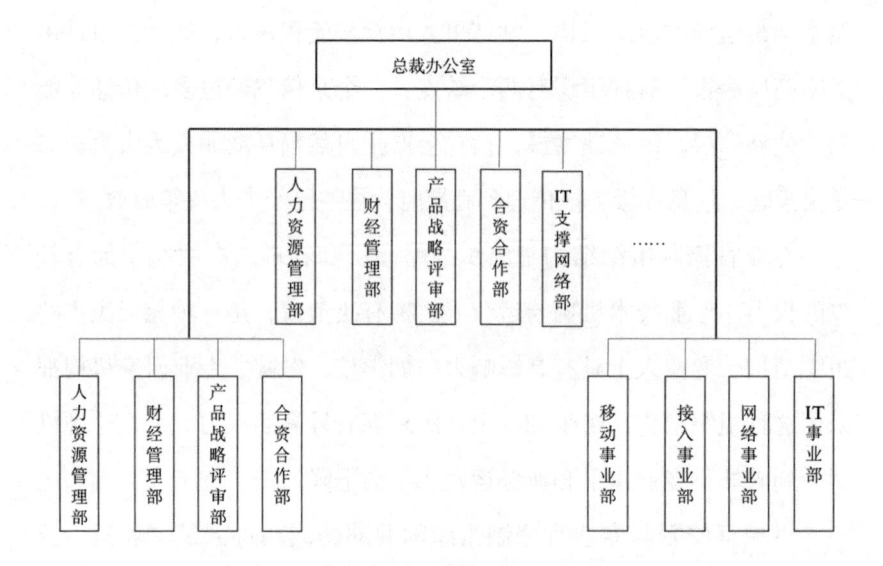

图11-3 华为成熟期的组织结构

此时华为公司的基本组织结构是一种二维结构，一部分是按战略性事业划分的事业部，一部分是按地区划分的地区公司。事业部拥有独立的经营自主权、实行独立经营和核算，领导产品的设计、生产制造及销售活动，是产品责任单位和市场单位。为了完成客户的多样化需求，华为的事业部在很多情况下都是联合作战。地区公司在公司规定的区域市场内有效利用公司的资源独立开展经营，协调使用各种资源。而公司的管理资源、市场资源、财务资源、人力资源、研究资源、信息化系统资源等，是公司的公共资源。

华为这种二维矩阵式组织结构变革，强调了总部在三类标准化中的作用，通过事业部制建立了中间层。这种组织结构，既保证了以产品线为核心的事业部的灵活性和积极性，发挥了产品线的统一规划和产品发展能力，强调了专业机构的标准化管理和输出功能，又确保了区域结构的灵活性，并通过共享为财务和人力资源等服务极大节约了华为的综合成本，有利于华为在人力资源等领域建立专业性和核心能力，为华为的规模化发展打开了组织空间。这样，华为从2000年到2002年经过短暂的停滞后，在2003年又获得了一个爆发式的增长，收入规模首次突破300亿元人民币，为华为的全球化发展奠定了非常好的基础。

事业部制是一种特殊的机制，事业部制的出现解决了多元化组织的管理效率问题。事业部制一般是按业务线成立的，拥有与生产经营有关的事务的相当程度的决策权，在人力、财务等方面与集团公司分权的机制。事业部作为主要利润主体享有大部分的权力，为确保其协调能力和面向市场的快速反应能力，集团对事业部一般采取绩效控制的方法进行管理。事业部一般情况是建立在机械官僚制基础上的。

在事业部制下，总部一般拥有五项管理权力：批准组织的总体产品和市场策略、总管统管财务资源、总部设计绩效控制系统、任命事业部总经理并关注核心班子领导梯队、提供共享服务。

一般情况下，针对波士顿／GE矩阵的"明星"产品应该采取事业部制。事业部负责人应该拥有综合全面的素质，对产品技术和营销都有特长。

对确定投资的"问号"产品，应该根据规模的预测和组织要求的发展速度，适时建立独立经营的事业部组织，规模空间越大，组织要求的发展速度越快，专门经营组织（或事业部）的建立越早，越有利于业务的发展，当然宁可付出一定的管理成本。这时候要选拔有规划能力、敢于冒风险、有才干的开拓型人才实施突破。

对于"瘦狗"产品，可以与其他事业部合并，统一管理，以降低协调压力和管理成本。

国内某知名软件公司在2003年左右曾经认为OA办公系统是未来的发展趋势，预计有百亿以上的市场空间，市场领先者可望取得20亿元左右的市场份额，在该公司波士顿矩阵中定位于可投资的"问号"业务，同时处于"问号"业务的还有HR管理软件和生产制造软件。该公司的明星业务是财务软件产品和ERP供应链产品。该公司在2004年推出市场技术领先的OA系统软件，在组织结构设置上，总部设立一个产品研发与管理部门，销售组织与财务产品、ERP等软件产品共用销售组织。3年以后的商业结果是OA业务一直处于"问号"业务位置，市场占有率越来越低，直到最后退出市场。极具讽刺意味的是：虽然自己的OA没有卖好，国内的一个OA软件公司居然通过该公司的渠道实现销售业绩大幅增长，一举成为市场占有率第一名的OA供应商。该OA软件公司做法是在软件公司的每个营销机构配置专门的销售和顾问人员，与软件公司的销售人员共同梳理商机和拜访客户，支持销售，并提供一定的服务佣金。从这个案例我们可以看出：OA的市场判断是没有问题的，没有设立专门的经营组织导致了商业意图不能实现，对于规模越大、期望增幅越快的业务，须在早期设立独立的运营组织，否则必然抑制其快速发展。

决定了基本的组织结构以后，应进行细致的组织结构设计。分组是细致的组织结构设计的核心工作，不同的分组方式可以帮助我们达到不同的战略目标。基本的分组方式一般按照活动、产出、用户三个维度，也会出现几种分组并行的综合分组模式。没有完美的组织结构，只有适宜的组织结构。每一种分组都有其优势，也有其缺点，组织应该根据自己的业务阶段，决定与之相适合的分组模式。

按活动分组，即把共同职能、学科、技能或者工作程序的人集合到一起。这种分组的方式，因为履行同样职能和从事同样活动的人可以在组织内部共享资源，能够确保资源使用的最大化，也有利于发展专业能力和积累专业知识，成就具有技术和学科优势的大量专家。因此这种组织结构可以用于大规模生产创造廉价的产品，取得成本优势；也可以用于发展专业化的能力，取得技术和专业的优势。但这种分组模式的缺陷也很明显，只有高层才有权把握整体状况，需要一个上帝之手在不同单元或活动进行协调。由于不同单元间的协调性和一致性比较差，提高每个单元的客户意识和市场意识也是挑战，他们往往更强调工作的质量，而不关注销售量或顾客满意度。

按客户分组，即按照客户类型把相同活动的人组织在一起的分组模式。由于资源都集中于特定的客户分组，人们都围绕客户在工作。这种分组的优势是不同的活动之间容易沟通，能够进行跨职能的沟通，能够实现面向客户的定制化和一体化解决方案，特别有利于复杂化的解决方案业务，适合对重点客户实施范围经营，提高了对客户的响应速度。但这种分组方式的缺陷也是明显的，就是资源配置是重复的，提高了成本，失去了职能和活动的专业化，将业务导向复杂化，不利于产品化发展。

所谓综合分组模式是指在一种组织设计中综合使用以上两种模式。由于以上两种模式各有优点和缺陷，按活动分组适合专业化和大规模生产，从而取得专业优势或成本优势，但不利于协作；按产品分组，适合于规模经济，内部的协作极强，有利于增强组织的产品力，但不利于客户化和专业化；按客户分组，适合于范围经济，内部的协作极强，但不利于产品规模化。组织结构设计者总是想达到多重目的，于是综合分组模式就产生了。综合分组模式，为了追求多种目标，带来组织结构的复杂性和高的实施成本。

某医药公司在药品集采后，面临一种生产经营状况就是产品数量越来越多，但产量不均衡，不稳定，若按一种产品设置组织结构和配置人员，就会出现很大的人员冗余，导致较高的生产成本。在多产品、小批量的情况下，如何进行有效的组织设计，在确保质量的前提下降低生产成本？

该公司在组织设计过程中，认真分析了不同产品的技术差异、生产流程和工艺的差异、生产的均衡性、设施的通用性、不同产品人员素质和技能要求的差异，在组织设计时灵活地采用了多种分组模式，有效地解决了多产品、小批量的生产组织难题。

各个模块的分组方式如下：

生产计划模块：按活动分组，不考虑产品特性，重点关注按订单生产和按计划生产的策略。

生产运营模块：对于生产管理岗位，如生产主管和工艺主管，按产品分组，可以跨产品线生产，跨产品生产时配合辅助管理。对于人工，则采取更加灵活的分组方法。对于罐装和配液类操作工人，考虑绩效可变量、操作文化与操作习惯分组，总体上是无菌操作。工人可以实施非无菌跨产品线操作，非无菌工人不可以实施无菌跨产品线操作。同时强化OJT训练体系，提高跨产品生产的训练水平，增加质量过程检查程序和次数，确保跨产品操作转换期的操作质量和稳定性。对于包装类工人只按活动分组。

质量管理模块：针对进料和产品检验，按中药、西药、辅料、包装四种形式进行活动分组，不考虑产品线分组。对于生产过程质量管理，质量主管按产品线分组，人员可以跨产品线调动，主管在跨产品线生产时担任辅助管理者。对于体系、质量管理，不进行分类。

设备管理：按照活动分组，只考虑设备类型，不考虑产品线。

产品力提升与技术转移：严格按产品线分组，以确保有专业人员负责产品提升。

车间管理：按车间配置车间主任，负责工作现场的生产协调与人员管理。

为了实现成本优化，本组织设计总体是按照活动分组的，在部分领域按产品线分组。为确保产品质量和满足法律法规的要求，对绩效可变量大、操作习惯和文化差异较大的岗位，严格按产品分组，即使这个过程中产生了一定的成本。

为了解决按活动分组带来的联系和沟通问题，设置三个岗位，分别是生产调度岗位、产品力提升与技术转移岗位、车间主任岗位。其中生产调度岗位是多产品生产组织的联系性岗位，产品力提升与技术转移岗位是解决单一产品力的联系性岗位，车间主任负责同一生产现场人的联系与矛盾协调，以及现场生产的即时沟通和协调。此外，生产主管和工艺主管则负责生产组织和工艺管理的联系。这些设计，从根本上解决了按活动分组后围绕产品线产生的协调问题和专业能力问题。按产品分组的人员和按活动分组的人员，随时组合，即插即用，有序生产，在保障质量的前提下，提高了生产效率。

这种运转体制对于以下四个方面提出了较高的要求：跨产品的生产计划与策略能力，精细化的组织设计能力，基于多岗位的岗位职责、晋升路径和薪酬策略的设计，训练与员工操作标准化。

针对以上四个方面，在实际的管理实践中，企业需要建立IT系统，并通过制订多产品线的生产策略、库存策略来提高生产计划的均衡性。需要分析各个岗位的特点，做出合适的组织设计，以便同时确保质量和效率，适应多品种小批量生产、生产计划高度不均衡的情况，并且满足相关法律法规要求。新的岗位设计打破了原来基于产品线的员工职业通道和岗位设计，因此需要建立新的职业发展通道、岗位标准和薪酬体系，解决员工发展问题。由于增加了跨岗位的人员流动性，对训练体系的要求更高，因此升级训练系统成为支持组织设计的重要行动。

设计完分组模式以后，组织结构的基本框架得以建立，我们把某些人集中在一起，使他们便利地开展工作，我们同时又将某些人分开，使他们不便利地开展工作，那么有着共同利益和责任的部门和业务之间就会建立起一个个壁垒。

企业在设计好分组以后，就可以出现共享组织结构的情况。企业可以共用前端组织结构，如组织选择共享营销机构，也可以选择共用中台，如共用生产、物流、采购等功能，或共享后台，如财务和人力等功能。拿最典型的组织选择共享销售机构来说，一般出于以下两种原因。

一是新业务或产品规模不够,建立事业部制会在短周期内形成较大的成本;二是希望新业务或产品能够与老业务整合营销,对原有客户实施范围经营。

共享营销组织对于发展"问号"产品是一种并不高明的做法。原因如下:

一是销售人员更倾向于销售成熟产品。因为"明星产品"市场知名度更高,销售难度低,容易成单。采用配额管理和加大激励的方法虽然可有一定的改善,但作用不大,不能从根本上解决销售一线的精力投放问题。

二是共享销售组织所能承载的产品数量是有限的。销售管理的核心问题是时间分配,总时间是确定的,投放产品个数越多,后续产品的推动能力越差。

三是不同类型的产品对团队的文化要求和人员能力要求不同。价格的差异、产品的内容差异等都是决定是否共享营销组织的关键因素,差异越大,共享营销组织成功的概率便越低。如有的公司将产品型业务、解决方案业务共享销售组织,还有公司把高客单价产品与低客单价产品共享营销组织。这些组织设计都不利于其中一个业务和产品的发展。

四是共用营销组织导致业务的可见性降低,流程出现了不通畅的情况,会极大影响运转效率。产品管理部门发布产品信息后,不知道组织的哪些人接收了信息、谁在执行相关的政策、执行过程遇到了什么问题,需要一段时间通过经营结果才能反映出执行情况,然后再修正,再等待,恶性循环,极大地影响推动效率。

五是共用营销组织会导致其他产品和需要投资的"问号"产品争夺财务资源。对于"问号"业务,组织主要关注客户数量增长、市场规模扩展、顾客满意度、持续购买比率等指标，而"明星"产品和"现金牛产品"往往有较大的盈利指标要求。共用组织的部门往往迫于总体的利润考核要求，会降低重要投资的"问号"产品的投入，以追求较好的业绩数字。

运营机制规划与设计

组织结构的设计已经大体上规定了一个部门的权力边界，在相当程度上决定每个部门的权力空间。企业是按一定的流程展开工作的，部门权力设计会受限于决策流程的权限定义、分配和排序。

我们要清楚一个流程中的权力分配过程，就必须搞清楚决策形成并执行的过程遵循什么样的流程。

对于一个任务工作而言，通常情况下的分权设计如下：

收集权：组织的相关人员对各类信息收集采取定期和不定期的机制，获取可能对组织运行和经营成果带来影响的信息；

建议权：组织的相关人员向决策层提出策略和行动的建议；

决策权：组织做出采取哪个策略和行动、放弃哪种策略和行动的决定；

授权：组织决定是谁负责实施决策的行动；

执行权：组织执行上级的决策，并取得相应的结果；

监督权：组织决定是谁对过程的规范性进行事后的监督；

评价权：对流程取得的绩效和结果进行评价的权力。

我们可以将前五项权力称之为"过程权力"，将第六、第七项称之为"事后权力"。为提高组织的效率和敏捷性，不要过分地扩大和使用过程权力，对于只对结果有要求和实施输出控制的业务流程，可使用事后权力。

组织确定权责的一般流程如下：

第一步，本流程的追求目标是什么（如质量、效率、公平性等）？

第二步，上级应该采取过程权力，还是事后权力？这与控制模式是否匹配？如果是事后权力，是监督权，还是评价权？

第三步，如果是过程权力，哪些权力应该自上而下或沿水平方面分派下去？

第四步，这些权力应该分配到哪个层级？

第五步，这些人行使权力的能力如何？

第六步，权力的分配是否有助于达到流程目标？

第七步，如何对权力的应用结果进行管理？

所有流程复杂、效率缓慢和内向化的组织，从根本上不外乎以下三个原因。

一是错配使用过程权力与事后权力。应该使用事后权力，错误使用过程控制权力，如事业部制条件下，总部一般建议仅有五项权力（见前文），但很多公司任意增加过程权力，违背了事业部制的设计目的，带来了极高的管理成本，降低了效率，导致内部相互抱怨。

二是过程权力控制过严。过分地强化过程控制权，并且在过程控制权的基础上叠加事后控制权，不能平衡流程风险和流程效率，过分强调标准和风险控制。过程权力每增加一层，组织的效率、灵活性、下级单位的自主性便随之降低，信息的失真性也同比例降低。

三是平行分权过多。平行分权过多，会降低内部的效率，且不会提高组织对风险的控制水平。通常最容易出现的是在建议权维度的分权现象，有时候甚至出现十几个部门均有建议权的现象，他们不能决策，但可以提出建议或否决，这只会导致"文山会海"和"推责文化"。管理者不仅需要思考"这件事需要什么部门参加"，而且要经常思考"这件事不需要什么部门参加"，这两个思考同等重要。

组织决定组织结构和权力分配以后，就会决定工作流程、岗位编制、岗位职责等方面内容，并将以上内容清晰化，发布后续实施的决策。越传统的组织结构对清晰化的要求越高，需要明确地规定权力的内容、等级、操作方法，并通过职位规范去履行。而对于灵活性高的组织，人们需要完成多种任务，要不断地学习新的技能，并且要求前往新的工作场所和接受新的工作指派。过分地强调职责清晰性可能抑制组织活性，职责定位可存在一定的模糊性。

绩效评估与激励规划设计

激励机制设计是指组织为实现其目标，根据组织的战略目标制订相应的考核标准和分配制度，以激励成员积极性，达到组织利益和个人利益的一致，实现通过组织目标体系来指引个人的努力方向。激励机制设计的核心是基于部门、个人的行为规范或绩效要求建立分配制度。

有家从事CRM软件解决方案业务的公司，在战略上要进行客户经营转型，口号喊了好多年，也没有根本变化。客户经营转型不仅是一次营销转型，本质是一次经营转型，战略上必须实施配套的措施，其中重要的一个方面是绩效考核。所有进行客户经营转型的公司，薪酬结构上要调整固浮比，提高固定部分的比例，同时调低财务指标的权重，强调能力指标和过程指标的重要性。既要确保销售人员眼下没有吃饭之忧，又要确保对销售人员的销售行为的有效性进行管理，销售人员才可能进行长线的、有效率的客户经营。如果不能解决这个问题，销售人员就会把精力投放到中小客户上，快速取得业绩，大客户的重点经营就成为一句空话。

基于绩效的激励能够激励人们走向卓越，没有激励，就无法取得卓越的绩效。激励分为外部激励和内部激励，外部激励是个人看重的实物和金钱，内部激励是个人的成就感、自豪感、愉悦的工作心情，他们感觉到自己成就了某件事或获取了想要的事物。外在激励的效果一般具有较短的时效性，其分量须大到让个人觉得自己为此付出任何努力都值得。内部激励具有更长的时效性，个体对自我的发展的预期通常具有更强的激励，因此需要重视绩效辅导与反馈。不仅应该强调绩效管理的考核和经营管理功能，更应该强调绩效管理的人才发展功能。大量的实践证明，人们一旦把自己当下的工作与个人的长远发展目标结合起来，就会产生长久的动力，即使面对较差的外部激励也能克服。

众多的组织往往有一种倾向：过分地强调薪酬和绩效激励措施的作用，就会进入到物质激励和刺激的怪圈，最后企业往往付出较大的成本却未必得到想要的效果。

谈到考核激励政策的设计，不得不提到美国心理学家赫茨伯格1959年提出的"双因素理论"（two factor theory），亦称"激励—保健理论"。他把企业中与人的积极性和员工绩效有关的影响因素分为两种，即满意因素和不满意因素。满意因素是指可以使人得到满足和激励的因素，不满意因素是指容易产生意见、抱怨、不满和消极行为的因素，他称之为保健因素。

保健因素的内容包括公司的政策与管理、监督、工资、同事关系和工作条件等。这些因素都是工作以外的环境因素，如果满足这些因素，能消除不满情绪，维持原有的工作效率，但不能激励人们更积极和正向的行为。

激励因素都与工作本身或工作内容相关联，包括取得的成就、人们的赞赏、工作本身的意义、工作的挑战性、责任感满足、职位的晋升和发展等。这些因素如果得到满足，可以使人产生很大的激励，若得不到满足，工作的积极性和绩效结果就会变差，但也不会像保健因素那样产生不满情绪。

赫茨伯格的理论给我们的启发是：

第一，不是所有的需要得到满足就能激励起员工的积极性，只有那些被称为激励因素的需要得到满足才能调动员工的积极性；

第二，不具备保健因素时将引起强烈的不满，但具备时并不一定会调动员工强烈的积极性；

第三，激励因素是以工作为核心的，主要是员工在工作进行时发生的能够促进其积极性的因素，与领导和团队氛围有密切的联系。

保健因素是指造成和引起员工不满的因素，是组织的维持性因素，一般均与工作环境和工作关系相联系。保健因素不能得到满足，则易使员工产生不满情绪、消极怠工，甚至引起罢工等对抗行为；但在保健因素得到一定程度改善以后，无论再如何进行改善的努力往往也很难使员工感到满意，因此也就难以再由此激发员工的工作积极性。就保健因素来说，"不满意"的对立面应该是"没有不满意"。工资报酬、工作条件、企业政策、行政管理、劳动保护、领导水平、福利待遇、安全措施、人际关系等都是保健因素。这些因素均属于工作环境和工作关系方面的因素，皆为维护职工心理健全和不受挫折的必要条件，故称为维持因素。它不能直接起激励职工的作用，但却有预防性。

激励因素是指能让员工感到满意的因素。激励因素的改善而使员工感到满意的结果，能够极大地激发员工工作的热情，提高劳动生产效率；但激励因素即使管理层不给予其满意满足，往往也不会因此使员工感到不满意，所以就激励因素来说，"满意"的对立面应该是"没有满意"，即"满意的对立面并不是不满意而是没有满意，不满意的对立面并不是满意而是没有不满意"。

他认为真正能激励员工的有下列几项因素：

一是享受工作表现的机会和工作带来的愉快感；

二是工作上的成就感；

三是由于良好的工作成绩而得到的内部奖励；

四是对未来发展的期望和职业生涯的高速发展；

五是职务上的责任感等。

这种因素是积极的、影响人的工作动机并长期起主要作用的因素，是员工工作动力的源泉。赫茨伯格认为，应千方百计地增加"激励"因素，过分增加的薪酬等保健因素，对业绩的提升并没有多大的作用。

华为的成功与激励体系的设计有很大的关系，华为建立以战略为导向、基于价值贡献、以奋斗者为本的多元化激励机制。

分权：任正非特别强调授权，要求一线听得见炮声的人来指挥作战，将指挥所建在听得见炮声的地方。华为的轮值CEO制度，就是一个有力证明。

分利：华为的薪酬激励非常丰富，包括它的宽带薪酬、奖金、虚拟饱和配股、TUP期权激励、各种专项奖方案等。华为公司针对不同的员工设计不同的激励政策，确保"让基层的员工有饥饿感，中层员工有危机感，高层的员工有使命感"。基层员工最希望改善自己的物质生活条件，物质激励对他们最有效。为了激励华为员工前往艰苦地区工作，华为会为艰苦地区工作的员工提供"艰苦补贴"。在海湾战争期间，派驻到伊拉克的基层员工能够获得的艰苦补贴高达近200美元／天，最后导致基层的员工纷纷申请前往伊拉克工作。

分名：华为建立了各种荣誉体系，如"蓝血十杰""明日之星"或者各种首席专家的头衔等，其本质都是"分名"。

任正非特别重视战略牵引。对于战略性的项目，当期不能产生经济效益，但对公司持续发展的意义重大的，会为其设置单独的激励机制，主要包括：干部的晋升、配股、专项奖等。另外一个例子是，如果干部被派到一个被称为"盐碱地"的市场，或者是竞争对手的"粮仓市场"，这些地方业绩指标可能不好，但只要被派去的人能攻破一个口子，拿下一个山头项目，往往就能够得到火线提拔。华为把当期产粮多少来称之为经济贡献，把对土壤未来肥沃的改造称之为战略贡献，在激励设计上两者统筹兼顾，不让老实人吃亏。

华为的价值分配有两个基本的机制，一个是获取分享制，按照业务单元创造的利润，按多劳多得原则，以奖金的形式进行分配；一个是评价分配制，适应于没有经济效益、或者暂时无法评价经济效益的业务场景（比如新业务、新区域或者中后台部门等），根据一定的标准或者基线进行评价和分配。

华为倡导以奋斗者为本的价值分配体系。华为把员工分为三类：第一类是普通劳动者，他们是华为12级以下的员工，他们的待遇和市场平均水平差异不大；第二类是一般奋斗者，大概占全体员工的60%~70%，这部分员工尽管也有着奋斗的倾向，但他们不是积极的奋斗者，华为会保证他们的报酬略高于市场水平；第三类人就是华为公司所倡导的真正的奋斗者。他们宁愿放弃安逸的生活，放弃假期和个人利益，是华为公司核心的奋斗者，是华为的中坚力量。华为的奖金分配、股票激励、晋升和成长的机会优先向他们倾斜，保证他们有丰厚的收入，并达到业界最高的水平。

第十二章
关键能力与关键人才

人才是知识经济时代最核心的生产力,企业的竞争本质上是人才的竞争,人才是战略实施的关键,人才梯队的质量决定了业务的水平和发展潜力。在战略管理流程、经营管理流程和人才管理流程三大核心流程中,人才管理流程最具根本性,是其他管理流程得以顺利运行的基础,却最容易被组织忽略。

人才管理流程,即根据企业战略目标通过人才识别、鉴定、评估和发展以建立人才库,发展人才梯队,促进人才保留从而保持和改进组织能力的一系列的过程。以人才为核心的组织应该全力以赴地吸引、保留和培养合适的人才,仔细评估、招聘和培养组织所需的人才。

在传统的组织中,很多人认为人才管理是人力资源部门的专项工作,其他管理者都是处在从属和配合的位置。这种误解造成了人才管理流程运转的低效,甚至与公司的战略管理流程脱钩。事实上,所有管理者都应该是人才管理流程运营的主体,只有所有管理者都参与到这个过程中来,才能让人才管理流程真正地成为企业战略执行的助推器。

企业要实现人才制胜，必须建立业务驱动的人才管理模式和思维，必须十分重视关键岗位识别和人才获取策略，必须十分重视组织的人才流动性管理，必须极其重视高潜人才的识别和培养。

业务驱动的人力管理模式和思维

人在事前，先人后事，人是衡量企业未来前景的先行指标。聪明的管理者总是先考虑人，再考虑绩效。

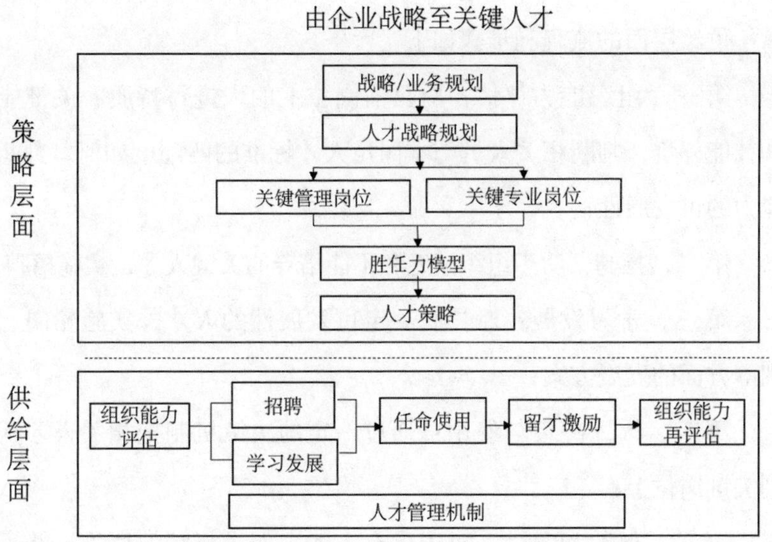

由企业战略至关键人才

图12-1 业务导向的人才管理模式

企业的人才管理模式分为两个层面，分别是人才管理的策略层面和人才管理的供给层面（如图12-1）。策略层面负责人才战略与企业战略目标和方向的对接，供给层面负责通过选、用、育、留供给战略所需要的能力。

策略层面的流程和步骤如下：

第一，明确战略与业务计划：定义清楚的业务目标和实现路径是什么。

第二，明确组织关键能力：明确实现战略目标的组织关键能力是什么，这些关键能力体现在哪些岗位上？

第三，明确能力标准：关键岗位的人需要什么样的关键能力和关键经验，需要什么样的技能？

第四，明确获取策略：关键人才资源如何获取，是培养、招聘、内部调剂，还是从第三方伙伴获取，配套的人力资源措施是什么？

供给层面的流程和步骤如下：

第一，组织能力评估：对目前岗位上的人进行特质、关键能力和技能评价，判断相关人员与本岗位人才标准的匹配度如何，判断其能力的可发展性；

第二，招聘：对于组织缺乏和不能培养的关键人才，实施招聘；

第三，学习发展：对具有一定可发展性的人才，实施轮岗、培训等方面的发展方案；

第四，人才决策与使用：通过一定的决策机制把相关人才配置到关键岗位上；

第五，保留和激励：对于重点人才定期进行绩效评价，并采取保留和激励措施；

第六，组织能力再评估：对人才管理的策略和供给层面的建设成果进行评价，评估与战略目标的匹配，并提出改进措施。

某家互联网巨头企业的主要业务是通过众包物流将海鲜产品和水果送到消费者家中去。当时企业在10个城市拥有城市站，而企业的战略目标是在一年内将城市站建设成50家，3年内建设成300家。每个城市站的发展意图是在每个城市建设若干3000米商圈，快速覆盖消费者，全方位融入当地生活圈，通过场景营销构建竞争力。

城市站总经理是发展这项O2O（线上到线下）业务的关键岗位。每个城市站总经理一般管辖40~100人，下设运营部门、营销部门、BD（商务拓展）部门、行政人事部门，在总部的统一指挥下，独立地发展本城市站的业务。理论上，此业务的扩张速度取决于城市站总经理的招聘与发展速度，有多少个合适的城市站总经理，就能覆盖多少个城市，即能产生与之匹配的业务规模。

那么城市站总经理的人才管理策略应该如何设计？由于该企业一直有使用管培生的传统，在人才获取策略方面，到底是用"管培生+集中培训+较长周期轮岗"方案，还是用"社招+集中培训+少量轮岗"方案？哪种人才获取策略才能支持业务的快速发展？管理层一直在犹豫。

经过专家的介入，大家对城市站总经理的工作角色定位有三个方面：即团队领导者、商业管理者和创业者。作为团队领导者，需要带领和监督他人完成组织的经营目标；作为商业管理者，要设计相应的营销场景，选择和设计适合本城市的产品和营销方案，实施本地化推广；作为创业者，要在当地发展各种对外关系，发展与线下合作者的关系，开拓市场。

通过进一步的调研，锁定城市站总经理的核心能力要求有四条："创业激情、商业敏感度、团队领导与影响、执行督导有力"，人才画像是"一个有激情、有执行力和影响力的生意人和创业者"。

同时，他们必须具备以下两方面经验：一方面是"领导团队完成任务的经验"，另一方面是"商品品类或零售行业经验"。具备这两方面有效经验的人，具有"商业敏感度、团队领导与影响、执行督导有力"三个能力的可能性较高。

那么，想要得到这样的人才应该采用什么样的人力资源获取策略呢？顾问的建议是采用社会招聘，招有创业激情的"商品品类或零售行业经验"的人，有过带领团队的经验，采用集中培训和快速轮岗（3~6个月）的方法，支持生鲜到家业务的快速扩展。

为什么要采取这样的人才获取策略呢？因为大学生中具有"领导团队完成任务的经验"和"商品品类或零售行业经验"的人较少，并且这些能力和经验是培训的手段和短期培养比较难以达成预期的，而是在长期的生活、工作经历中形成的。如果使用管培生，让他们在工作中去发展这些关键能力和获取这些关键经验，失败几率极大，并且时间成本和机会成本极高，最重要的是有可能失去快速占领市场的机会。

在这个案例中，关键岗位的识别和人才策略的确定在相当程度上影响了战略目标的实现。业务发展的速度实际上是由关键岗位的人才获取效率和发展效率决定的。

高效的管理者往往也是组织中的人才管理大师，他们深深懂得"人即绩效"的道理，他们坚信：先人后事，发现和培养员工才是企业成功的关键。他们不断修炼自己的相人之术，不断地对人才做出判断，不断地通过任务过程"以事修人"并检验自己的假定，不断积累自己的人才管理经验。

关键岗位识别与人才决策

人才管理和财务投资遵循相同的原理，应该聚焦在决定业务成功的关键岗位和关键人才方面。战略岗位的识别有利于企业战略目标的传递与实现，使企业的战略目标能够及时传递给其内部的关键岗位，使企业战略目标的实现得到可靠的保证。

那么我们如何定义和识别关键岗位呢？我们对于关键岗位的判断，一般要考虑两个主要维度，一个是岗位的战略影响性，一个是岗位的绩效可变量。我们把符合这两个维度要求的岗位，称之为关键岗位。

对于战略影响性，我们一般考虑该岗位对于战略目标达成的影响程度、失败的危险性、缺失的风险、人才市场的供给充分程度、在价值链实现中的地位。

对于绩效可变量，我们主要考察：如果该工作由不同的员工承担，做的好和做的不好的绩效差异有多大？如果存在较大的差异，则意味着应该被识别和重点管理。

关键岗位可能同时符合以上两种特征，也可能只符合其中的一种特征。航空公司的飞行员是关键岗位，在没有出现特殊条件下，这个岗位的绩效可变量不大，但战略影响性很大，一旦出现问题，就会给航空公司的运营带来极大的影响。保险业的销售是保险公司的关键岗位，这个岗位既具有战略影响力，又具有绩效可变量，不同的员工绩效差异极大。

确定关键岗位以后，定义人才标准成为关键，这是人才管理的基础，为企业制订人才获取策略和培养方案提供框架。角色模型是组织经常使用的人才标准工具，角色模型由角色描述、能力要求和经验要求三部分构成。

角色描述、能力要求和经验要求的关系可以如图12-2所示。

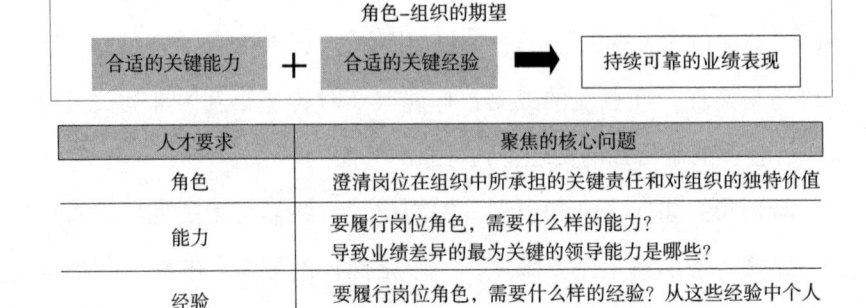

```
                    角色-组织的期望
┌─────────────────────────────────────────────┐
│  合适的关键能力  +  合适的关键经验  ➡  持续可靠的业绩表现  │
└─────────────────────────────────────────────┘
```

人才要求	聚焦的核心问题
角色	澄清岗位在组织中所承担的关键责任和对组织的独特价值
能力	要履行岗位角色，需要什么样的能力？导致业绩差异的最为关键的领导能力是哪些？
经验	要履行岗位角色，需要什么样的经验？从这些经验中个人能得到哪些能力的提升？

图12-2　角色描述、关键经验和关键能力之间的关系

角色描述

组织期望该岗位的人展现什么角色？每个角色都需要完成哪些典型任务？角色本质是一种社会关系，反映了组织内部相关利益者的要求。组织对角色的期待应具有前瞻性，应反映组织未来3～5年的要求。在定义角色时，我们经常问的问题是："为适应未来3～5年的业务发展要求，组织对这个岗位的期待是什么？""成功履行哪些任务，就能够承担组织赋予的职责？"

能力要求

能承担这个角色的人需要哪些先天和后天的能力？最重要、最优先的能力是什么？哪些能力不重要？关键能力是指"少数的、有根本性影响的能力"，关键能力必须足够突出，也就是"长板"要足够"长"。关键岗位的员工的关键能力在人群中是否处于高分位是确保执行力的关键，某项关键能力在人群中的分位排名越高，就能确保岗

位的执行力越强。如果一项关键能力不达标，又没有合适的替代方案，就足以支持对人事提案的否决。

在制订人才标准的实际操作中，一定要控制关键能力的数目。大部分企业没有有效地识别关键能力，将关键能力和非关键能力混淆，导致人才要求不聚焦，不突出。这导致企业在人才决策时，围绕多个能力项综合打分，最后关键能力不突出的人，反而被选拔出来，这些人往往不是最有执行力的人。这就好像中学生考试，主科和副科一起计算分数，课程项目越多，选拔出来的就是那些均衡的人，而不是主科成绩极其突出的人。

我们必须意识到：若要求多个能力项是高分位的，这样的人在现实中往往是找不到的。没有识别关键能力，选择平庸的全才，这是目前国内企业人才选拔和决策的主要误区，在多人参与人才决策的情况下，其效应往往又会被放大。

软件研究岗位的总应用架构师，对于概念化能力和系统思维能力要求极高，因为需求架构每调整一次，可能涉及几百个软件工程师的工作量，可能引发极大的开发成本，这是软件公司的一个战略性岗位。对架构师概念化能力水平的判断，实际上决定了开发效率和开发成本，应用架构师的概念能力水平在一定程度上意味着软件开发的绩效。由于该岗位的重要性，这种概念化能力的水平，最好能达到千分之一、万分之一。一般情况下，具有这种特征的人人际能力不突出，甚至有很多短板。如果在实际选拔时，我们在关键能力上再加上人际、领导力、协作性等方面的能力评价项，那些概念化能力极其突出的人大概率就会被淘汰，最后通常选择了一个较为"全面的平庸之才"。

在确定人才标准和人才决策时，要处理好关键能力和非关键能力的关系。我们极其不建议采用关键能力和非关键能力权重加分的传统评价方法。我们推荐的决策逻辑是：关键能力是否强到了岗位需要的程度？非关键能力是否差到了不可接受的地步？对非关键能力不是不要求，而考虑的方式是：差到何种程度不能接受？是低于人群中80%，还是90%？出现哪些行为是不可接受的？只要没有达到最低阈值，就不需要考虑非关键能力，更不能合并计算能力评分。

一家建筑企业招聘IT主管，连续招聘三任IT主管都很成功，问他们诀窍是什么，他们说："我们的诀窍是找985理工科院校数学成绩排全系前三名的学生，不看物理、化学、英语成绩。学生在数字这个科目上的成绩无疑最能反映他们的概念化能力，因此，他们通过这种方法招聘到的学生的系统思维能力和概念化能力都极强。"问起这些人有什么样的缺点时，客户告诉我："这三个人的沟通能力都一般，不愿意说话，不擅长交际，但能确保协作性没有问题，沟通能力的差距不影响他们在这个岗位上做出优异的绩效。""用人所长"这句古语，在他们的用人策略中得到了极为深刻的体现。

要学会使用有缺点的人。无论采用怎样复杂的人力资源技术，人的天性都倾向于选择自己喜欢的人，或者没有毛病的人，所以"千里马常有而伯乐不常有"。在多人参与人才决策的情况下，这个情况愈加严重。组织须认识到，倾向使用没毛病的人是一种用人思维上的误区，是很难克服的用人习惯，必须有意识地与之斗争。

任正非在某次接受采访的时候表示：我们公司从来不用完人，一看这个人总是追求完美，就知道他没有希望。这个人有缺点，缺点很多，好好观察一下，在哪方面能重用他。他不会管人，就派这个人去做政委就行了。

根据霍根公司提供的研究结果，一般人在压力下都有2～3发展项是正常的。在某个方面优势越突出的人，往往意味着在另外的方面可能存在较大的短板。

团队领导评分高的人，往往是高抱负、对权力和竞争很热衷，这样的人自大的可能性远高于其他人群，容易在组织内部有争议；管控能力评分高的人，往往是高抱负、高审慎，在压力情况下最容易苛求他人。

在某种程度上，某个方面的不足反而印证了他在某个方面的优势，只有偏执者才能成功这句话是有道理的。那些性格特质上高审慎、高人际、追求完美的人，在战略思维和冲击力方面往往存在较大的挑战。学会识别和使用有缺点的战士，是每个管理者终生的修炼，千万不要因为一个缺陷而错过了一个优秀的人才。

美国南北战争时，林肯总统任命格兰特为北方军总司令。当时有人打小报告，说格兰特嗜酒贪杯，不是干大事的料。林肯却说："如果我知道他喜欢什么酒，我倒应该再送他几桶……"后来的事实证明，格兰特的受命，正是南北战争的转折点。林肯用人的秘诀是什么呢？原因简单而复杂：林肯以"取得战役胜利的能力"为标准在选人，而不求他没有缺点。

马歇尔将军是20世纪美国的功勋将领，由于马歇尔用人得当，培养了大批有史以来最能干的军官，艾森豪尔威尔也是其中之一。经他提拔的将领，几乎无人失败，而且都是第一流的人才，掀开了美国军事教育史最辉煌的一页。他用人时常问自己："这个人能做些什么?"只要确定能做些什么,这个人的缺点就成次要的了。比如,马歇尔将军曾一再替巴顿辩护,虽然巴顿将军有点自负,缺少军人应有的气质,但不能否认他是一位优秀的将军,其实马歇尔本人并不喜欢巴顿那种少爷型的性格。

需要指出的是,这种用人所长的人才决策机制,依赖于组织的多元化文化,否则这样的用人方法寸步难行。只有企业文化足够多元化,组织才能够容纳很多优点突出、缺点也突出的人。

经验要求

具有什么样的经验才能履行这样的角色?具有哪些经历的人最可能有我们所需要的关键能力?

经验是一个人成熟度的重要标志,也是达成绩效的条件之一。如CEO一般需要具备五个方面的经验:从0至1、扭转乾坤、人才管理经验、投资接触经验、核心业务领域多岗位经验。如果没有这样的经验要求,无法验证CEO的核心素质在过去是否得到了考验,也无法确定CEO的知识和技能足够完整,可能产生极大的用人风险。在人才决策中,经验不是根本性的,对于潜质好的人,可以降低对经验的要求。但没有经验,意味着更高的人才决策风险。

决定人的成长最重要的是经历。马克·克兹劳斯等人在《强度与延展度:在工作发展的驱动因素》一文中,对领导力的关键经验从强度和延展度两个维度进行了定义。

强度是指一个人的一段经历高出其之前职业生涯中的绩效要求的程度。高强度的经历可能带来发展,是因为它会推动人们发挥更高的工作水平,迫使人们全身心投入并不断学习,一个人必须自强不息才能渡过难关。强度可以从时间压力大小、整体责任大小、工作的可见性、失败风险高低、组织预期等维度进行定义。

延展度指的是一段经历促使一个人脱离自己原有的经验背景或准备的程度。主要从人际关系（需要接触持不同视角和观点的人）、专长或知识（为获得成功需要发展一个不熟悉领域的专长知识）、适应性（需要处理比自己过去所面对的更多的模糊性）、背景（需要与不同的职能／部门／领域／文化打交道）、技能（需要花时间去做自己不知道怎么去做的事情）等维度去考虑。

经验类型有四种（如图12-3）：

一是交付——使用已经具备的能力；

二是精通——在一个已有经验的领域承担更大的挑战；

三是拓展——承担新类型的工作，或与不同类型的人或情境打交道；

四是突破——既要应对更大的挑战，也要面对不同类型的工作、人或情境。

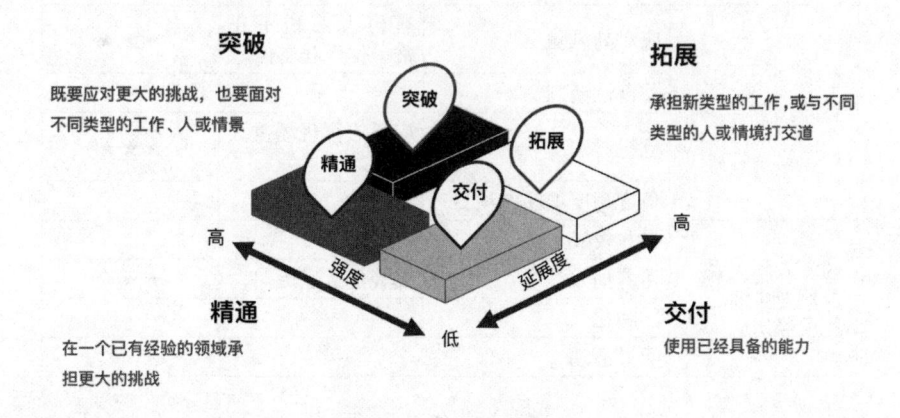

图12-3　经验类型

人的经验可以从一般管理与业务经历、挑战与逆境经历、冒险经历、建立人际关系与职业生涯相关经历四个维度构建经历模型（如图12-4），这为我们提供了确定关键岗位经验地图的框架。

	关键经历	服务类	重要性程度
一般管理与业务经历	制订业务计划		无
	项目管理与实施	无	无
	业务开发与实施	无	无
	业务增长	无	无
	产品开发	无	无
	新成立业务	无	无
	财务管理	无	无
	一线业务运营	一线业务核心岗位运营经历	★★★
	支持性职能经历	无	
挑战和逆境经历	遗留问题和挑战	无	
	挑战性的人际关系（对抗）	处理员工之间、员工与上级之间冲突相关经历	★★★
	衰退或失败	无	无
	财务艰难	无	
	困难的人事问题（裁员）	员工离职、开除或处罚员工	★★★
冒险经历	应对高风险	航班大面积不正常、生产旺季保障	★★★
	关键性谈判		
	危机管理	应对旅客现场重大投诉处置	★★★
	负责高度关注的项目		
建立人际关系及职业生涯相关经历	自我发展		
	培养他人	发展他人经历	★★★
	国际化		
	业务活动		

图12-4 定义模型

关键经历在人才决策中不是否决性的因素，而是重要的决策变量，经验的缺乏可能导致绩效失败。关键能力强的人，理论上不需要完整的关键经历也能成功。关键经历可以向我们提示人才决策的风险，并给我们提供流动性管理、轮岗管理和发展设计的依据。

关键能力+关键经验模型也定义了一个岗位达到最佳绩效的最短时间。对于一个确定的岗位，如果招的人素质匹配，在经历模型相匹配的时间内，该员工绩效就可能超越其他的老员工。老员工的绩效水平，也不会随着时间的延长有根本的变化。岗位绩效对关键能力的要求越高，经验就显得越发不重要。

一直以来，在人才管理领域有一个争论：企业究竟是购买员工的关键能力，还是购买员工的关键经验？答案是这样的，招聘关键能力而非关键经验。但在实践中，大部分企业的招聘策略是"经验优于能力"，那么就可能出现一种情况：用较高的薪酬水平获得了一些关键能力一般的人。原因很简单：如果这个人真的是关键能力强、关键经验好，那么在原企业应该展现出高绩效，为什么会到我们企业来呢？除非有特别的状况，如原企业遇到了经营困难，或遇到了不可理喻的领导，或者本单位提供了特别高的职位和待遇。如果不是以上情况，那么大概率的情况是：这个人的关键能力一般，属于有一定经验的中等之资。

高潜人才识别培养与人才梯队建设

企业的竞争本质是人才的竞争，人才竞争的焦点是高潜人才。高潜人才的识别和培养对于战略的成功和构建组织的未来竞争力尤其重要。高潜人才可以给组织绩效带来根本性的突破，其绩效潜力是一般的员工不能企及的。高潜人才不仅能领导业务转型，还能带动组织转型，推动企业迈上新的台阶。企业在高潜人才方面投资，帮助他们快速成长，意义重大，堪称投资收益比最高的人才投资。如果要从根本上改变一个组织的状况，没有比识别和发展高潜人才更有效的组织能力建设捷径了。

我们要同时关注高潜力的领导者和高潜力的专业贡献者。他们具有的共同特点是进取心、开放性、投入度和思维的敏锐性。高潜的个人贡献者，往往才华过人，喜欢独处，用心思考，回避社会活动，他们虽然不适合领导企业（这也不是他们的目标和志向），但他们在自己特长的领域能够闪烁光芒。高潜领导者不仅关注个人成就，而且关注团队绩效，他们有极高的情商，愿意倾听不同的意见，整合广泛的资源，培养和发展他人，为组织取得商业成功。

潜力是人才决策的重要维度。关键能力和关键经验关注的是与特定岗位的匹配性，潜力则是从组织的长远发展的角度所考虑的人才决策要素。

"羊群效应"在人才管理领域屡被验证，一流的人才会吸引一流的人才，二流的人才只会吸引二流、甚至比二流更差的人才。组织只有拥有一支比竞争对手更有前景的高潜人才梯队，比竞争对手的人才更年轻、更有活力，那么在未来会大概率超越竞争对手。一些有业务野心的组织，如微软等，其人才策略就是识别、发展和使用"一流人才"，通过对一流人才的管理实现业务成功，并配套相应的薪酬、发展等措施。高潜人才是组织中少数可以决定组织未来命运的人，组织必须有意识地识别和管理高潜人才，要主动地在各个年龄段识别和培养一定比例的高潜人才。国外有关咨询公司认为这个比例一般在2%~5%之间是比较合适的。

某生产制造型公司，做完霍根潜力测评和结构化面试后，发现所有的中层领导者均胜任力较好，但潜力普遍不高，这就意味着，很少有人能够较快地晋升，在一个层面上的人才就会出现板结现象，那么下属就会感觉没有前途，高潜力的下级可能离开，整个组织的氛围、干部的活力和工作激情可想而知。这说明企业的用人决策过于保守，对高潜人才的识别和判断出现了重大失误，如不及时解决，后果严重。企业高层意识到问题的严重性，反思了自己人才决策习惯是过于强调了关键经验的作用，于是在高潜挖掘和培养人才方面加大投入，用了5年左右的时间，从高校和行业中寻找高潜人才并采取差异化的薪酬策略，每年识别几个高潜人才就加速培养到领导岗位上，把中层干部调整了40%，企业的人才板结现象才有一定的改观，企业的文化也得以极大程度地改良。

那么高潜人才的特点是什么呢？谈到高潜，一般与以下几个关键词有关系，即关注成功、思维敏锐、聚焦重点、应对未来不确定性的工作、快速学习能力。

新的竞争时代已经到来，企业必须反思自己的高潜人才发掘工作，找到组织的高潜梯队，加速培养，才能迎接VUCA时代的高强度竞争。

高潜人才的培养必须贯彻以下原则。

一是保持动态甄选原则。选择合适的人，辅之以发展。高潜识别在高潜人才的培养中更具有基础性的作用，在一般情况下，高潜涉及的能力项的发展难度都很高，如所有的高潜人才标准都提到思维敏锐，而思维敏锐基本上是不可发展的，一旦被判断为思维不敏锐，被发展者就需要被清理出高潜名单，组织要对高潜人才保持动态管理。高潜人才培养的关键在选，苗子选错了，再怎么培养也不会成功。

二是培养方案因人而异。要制订针对性的个人发展计划，综合使用轮岗、培训、导师等发展方式，并采取季度反馈的方式，跟踪进展，整体化的培养方案对于高潜人才的发展效果是有限的。

三是贯彻实践培养的原则。高潜人才是在实践中发展的。组织要为每个高潜人才定义目标岗位，并识别个性化的经验地图。高潜培养的核心逻辑是：把过去需要两三倍职业生涯时间完成的历练，在较短的时间内完成。高潜培养必须跨越企业的常规晋升路径，要有一定的冒险性，每个经历必须有足够的强度和外展度，否则企业就会失去高潜人才。

除了建立高潜人才池外，组织还须针对战略性岗位建立人才梯队，这件事情的重要性仅次于高潜人才培养。组织应识别关键岗位，评估现在人才的匹配度和梯队厚度，建立人才梯队培养计划。

某制造公司的产品总经理是战略性关键岗位。某次人才盘点后发现该岗位现岗人员将要退休，两个后备人才经过结构化面试和性格测评，均为中等偏上之资，难以成为产品研发的领导型人物。该公司人才梯队的厚度和质量存在明显差距，那么3~5年后，这个公司的产品竞争力就非常让人担忧。组织须识别对战略有影响力并且绩效可变量大的关键岗位，对每一个战略性岗位一般应保持3~5人的人才梯队，利用轮岗和项目锻炼的方式，不仅对这些后备人选进行识别和培养，而且通过2~3年IDP计划（个人发展计划），对人才做出精准评价，并根据评价结果实时对名单进行调整。

关键人才发展计划设计过程如下：
第一，这个人的特质是什么？
第二，这个人未来的目标岗位是什么？

第三，从目前岗位至目标岗位存在哪些关键能力的短板和有效经验的缺失？

第四，哪些经历能够发展这些关键能力和关键经验？

第五，这些经历的强度和延展度是否能够达到能力发展目标？

第六，还有其他发展手段能有效帮助目标达成吗？

一般情况下，每3个月应对发展计划做出评估，评估过程如下：

第一，该管理者的能力发展目标是什么？

第二，他过去的一段时间主要经历哪些典型事件？这些典型事件对要求发展的关键能力和有效经验有什么影响？

第三，有哪些证据证明他们关键能力和经验得到了发展？

第四，这些关键能力和有效经验发展到了什么样的阶段（迹象—觉醒—发展中—达标）？

第五，他是否仅仅在使用长处？

第六，我们的目标在有效进行中，是否需要调整目标，或修正进程？

这种深度的人才干预和管理措施，确保了组织的长远竞争力和战略目标的实现，帮助企业成为一个能力制胜的组织，其重要性无论如何评估都不过分。任何有进取心的企业，都须及早启动这样的进程。这样的人才进程再早都不算早。

企业要发展高潜人才，培养人才梯队，提高组织能力，必须关注人才的流动性。企业人才管理的核心是"通道"与"流动性"的管理。企业文化变革、人才梯队厚度和质量改善，归根结底是通过流动性管理实现的。实现人才良好的流动性管理是企业健康经营的根本保障。大量的实践证明，仅推动任务进程而不进行人员流动性干预的变革，往往会以失败而告终。战略变革的执行和人才的流动性管理如孪生兄弟，如影随形。

企业必须有足够的流动性，从外界环境中吸引新鲜血液和力量，对现有组织起到扰动作用，增强企业的活性。如果企业与外界没有流动性，企业发展的大概率是走向熵增过程，必然走向逆淘汰并失去斗志，其后必然伴随经营质量的下降。跟踪一些企业改革案例，特别是一些国营企业的股份制改革，改制的时候大家信心满满，过几年再去看看，当年改制的激情已经不在，境况没有根本改变，根本原因是，战略变革和改制这样的重大变革，必须要求组织实施跟随战略，其中最重要的是人才梯队的匹配，结果这些企业的人才流动性没有变化，还是那些人在那些位置上，变革就很难成功。如果没有合适的流动性，让企业保持长期极高的运营水平并且保证企业的持续进步，基本上是不可能办到的事情，因为组织和人的天性是在没有干预的情况下走向懒散，没有流动性会加快这一进程。

深谙企业管理之道的经营者深知：企业经营管理的核心是人的管理，人才管理的核心是创造高质量的流动性。好的人升上去，差的人淘汰下来，高潜的人加快晋升速度，与外界维持合适的人才交换比例，同时，通过轮岗创造内部流动性，既满足组织要求又满足个人职业生涯发展要求，确保组织占据本领域的人才优势。流动性是一个宏观的概念，包括招聘、内部的晋升、轮岗、淘汰、员工离职、员工调动等形式，人力资源的能力评价、绩效评价、强制分布、继任管理、任职资格、轮岗规划等人力资源手段，本质上都是创造和管理流动性的技术工具。只有流动性，才能使企业熵减。根据7-2-1学习法则（一个人的学习和成长，70%靠工作实践，20%靠与别人交流及别人的反馈，10%靠包含读书上课之类的学习活动），能力增长主要是依靠实践锻炼，只有确保科学的流动性，才能带来个人能力和组织能力的根本增长。

第十三章
文化与非正式组织

组织结构远远不止正式的职权关系，与正式组织相对应的是非正式组织。非正式组织是人们在活动中自发形成的、未经任何权力机构承认或批准而形成的群体。非正式的存在是基于人们社会交往的需要。在正式组织中，人们因社会交往的特殊需要，依照好恶感等因素形成非正式组织。这种组织没有定员编制，没有固定的条文规范，因而往往不具有固定的形式，经常体现为由共同利益、爱好偶然结合在一起的"小集团""小圈子"。与正式组织依赖于标准化和监督协调不同，非正式组织依赖于人际关系。

然而正式组织与非正式组织在组织中的影响总是相互交织，难以区分。一方面，非正式组织会介入正式组织的运行，并使之发生偏离或加速其文化特征。如组织中有人会通过人际关系利用正式组织的监督和标准化功能牟取便利和利益，即通常所说的"制度是死的，人是活的"。另一方面，一些非正式组织的行为，也可以不断固化，并融入正式组织中，如私下的协调机制会升级成组织正式的协调机制。

决定非正式组织如何对正式组织产生影响的是组织文化。组织文化的可怕之处是完全渗透到企业的日常工作和生活中，不自觉地影响人们的习惯，它可以与正式组织的设计配合，促进战略的执行，也可以与正式组织相背而行，成为战略执行的障碍。

文化是组织内部的价值观和行为规范，界定了什么是最重要的事情以及如何做事。文化存在于组织成员的主观看法中，形成了企业的基本人格，是一股不可忽视的隐藏力量，无时无刻不在影响组织的运行。每个在组织中的人都身不由己地被它影响，同时又参与到文化的形成、沉淀和变革过程中，并成为其中的一部分。

好的企业文化与战略目标和正式组织相一致，会加速正式组织的执行力。差的企业文化与战略目标和正式组织相偏离，会向正式组织意图完全相反的方向调整人们的行为。德鲁克曾说："文化可以把战略当早餐吃掉。"

认知企业文化的内涵及作用

埃德加·加因认为企业文化包括三个层级，分别是人工饰物（可以观察的制度和流程、建筑风格、标语等），价值观念（企业的发展战略、目标和经营哲学），深层假设（意识不到的、深入人心的信念、知觉、思维和感觉等）。企业文化一般由创始者建立，并逐渐成为全体人员的默认假设并发挥作用。企业文化是由一系列的相互联系的经营观念组合而成的行为模式，最终决定了战略实现的方式。

企业文化具有深层性、广泛性和稳定性的特征，不会被管理者随意操作和改变，被广泛应用于群体工作和交往的各个方面，一旦形成，就会有巨大的惯性，任何变革都可能引发焦虑和抵制。

企业文化像空气，无法触摸，但是我们可以从企业文化的行为层面对文化进行定义，这样会提高文化建设的可见性，便于我们采取更有效的行动。

文化是关于战略和目标优先性的实际排序。比如，组织健康度与财务指标哪个更重要、规模比利润哪个更重要、技术领先与客户紧密哪个更重要、如何看待创新业务的投入产出比等。关于目标的实际看法是业务文化的重要组成部分，往往是业务创新的发展障碍。

比如，所有波音公司的人都认为确保安全是飞机制造中最重要的事情，但在波音MAX737飞机质量事件中，安全第一让位于短期的经济利益，对质量的坚持让位于对权威的服从，这就说明波音公司的企业文化已经不能适应企业业务的要求，企业文化的根基已经变异。

文化是关于权利和利益的实际分配。观察一个组织的文化，最有效的方法就是去收集过去一段时间，哪些人在组织内部晋升得最快，哪些人在组织的经济利益分配中获得利益，这彰显了组织在鼓励和赞赏哪些方面，同时也意味着组织不鼓励和赞赏哪些方面，决定了组织所要求的人们的工作方式，就会成为人们实际上的行为规范。

比如一个公司的战略是创新引领发展，但是在分配预算的时候，销售费用的预算是研发费用的10倍。这就说明这个企业实际的文化是以销售为中心的企业文化，而非创新。

文化是关于"好"与"不好"的实际绩效标准。究竟什么是做好，什么是没有做好，看起来似乎很简单，但实际情况往往并不像看起来那么容易。

比如某公司两个不同的区域，一个业绩指标完成120%，另外一个完成了105%，是否意味着第一个一定是好的呢？其实是不一定的，但不论判断如何，这个判断都会成为其他人行为效仿的对象。如果第一个机构经营指标是竭泽而渔得到的结果，组织核心竞争力没有改善，而第二个机构经营指标虽然低，但组织核心竞争力有了改善。在这种情况下，如果我们表彰第一个，短期主义就会在组织内部盛行。

企业文化的行为层面具有可见性，为我们促进企业文化变革提供了方向，使我们可以通过绩效目标去调整人们对目标的实现看法，通过晋升去调整权利的实际回报，通过价值导向的分配去调整经济利益的实际分配，通过表彰、激励、惩罚和制度建设等手段去调整人们关于好和不好的标准，从而调整人们私下的行为规范。

文化一旦形成，就会拥有强大的惯性力量，它指导我们如何做事，以及如何在组织中获得成功。一个组织一旦具有了强势的文化，这既是一种优势，也是一种缺陷。一方面，它会强化当下的组织的价值观与文化，影响人们的行为并驱动业绩朝期望的方向发展；另外一方面，会阻碍组织发生变革，使组织的机能失调。也就是说，组织一旦建立一种文化，就意味着组织擅长干什么，同时意味着不擅长干什么。

一家企业的文化正确与否，取决于依据企业所坚持的那些基本的经营理念所制订的发展战略能够在多大程度上有效应对其所处发展环境的变化。一般来说，在企业的快速成长阶段，企业的持续成功创造了一种价值理念，这种强有力的文化是一种优势，帮助组织实现快速的规模扩张和竞争优势的塑造。但随着企业的发展和外部环境的变化，企业的原有共享的理念可能成为一种障碍，这时候企业需要对文化的核心理念进行变革，以保障战略的执行和实施。因此，重大的战略变革，必须实现组织跟随战略，而文化跟随作为组织跟随战略的一部分，文化变革的支持就显得特别重要。

评估企业文化与战略契合性

如何评估企业文化与企业战略的契合性呢？

因为企业文化关注的是优先性，因此企业经常会遇到困惑，到底哪些因素应该列入企业文化的核心因素，哪些不列入企业文化的核心要素？我们建议按以下流程和步骤评估文化的适配性并重新识别组织的企业文化。

第一步，确定企业的最终目标是什么；

第二步，确定达成最终目标所需要的关键成功因素和措施；

第三步，识别这些关键措施的文化要求；

第四步，评估现有文化的匹配度与支撑性，提出新的文化要求；

第五步，制订文化变革措施；

第六步，启动和实施文化变革方案。

某职业教育互联网创业公司,组织内部对文化与战略的匹配性有疑问,但又不能达成共识,他们目前的文化是:正直、投入、执行、创新。诸如这样的争论经常发生,A说:"我认为正直不应该进入企业文化,因为这是基本的要求,不能对业务形成强有力的支持。"B说:"正直是职业人的基本要求,必须体现在企业文化中。"

企业决心对文化展开一次讨论,但基于以往的讨论结果,又不确定这次能达成结果。但使用上述流程以后,没有想到企业管理层在一个下午的时间达成了共识,并且在这个过程中没有很大的争论。

以下是依据以上流程的讨论过程。

引导问题	组织共识	调整方案
企业的最终目标是什么?	做专业和领先的职业教育领域的校企桥梁和纽带; 3年内达成上市目标。	维持现状
达成企业成功目标需要哪些关键成功要素和措施?	新人的融合和团队的扩张 客户的持续满意和口碑传播 市场的快速扩展和占领 新产品和一体化解决方案的成熟度	
目前的企业文化对这些关键成功要素支持度如何?	新人的融合和团队的扩张	基本无支持
	客户的持续满意和口碑传播	支持较弱
	市场的快速扩展和占领	较强支持
	新产品和一体化解决方案的成熟度	较强支持
现有文化需要进行哪些调整才能支持这些关键成功要素?	1.新人的融合和团队的扩张;	尊重与包融 开放性沟通 言出必践 以人为本
	2.客户的持续满意和口碑传播;	利他 以客户为中心 专业化

（续表）

	3.市场的快速扩展和占领；	业务激情 执行能力 追求极致
	4.新产品和一体化解决方案的成熟度	对开放性 有一定要求
组织树立和倡导的新文化元素是什么？	追求极致、尊重包融、专业利他、投入执行	

推动文化变革关键举措

如何推行文化建设以适应企业战略变革的需要呢？一般而言，我们需要针对文化的行为层面的内容，在以下七个方面推进文化措施，这对文化变革是最有效的。

第一，调整组织的文化假定

对负责文化变革的领导者来说，关键的一点是他们必须让自己从现有的文化中跳出来，以鉴别哪些文化元素值得保留，哪些文化元素需要改变。这可能需要调整企业的文化假设，这一过程对企业的创始人来说尤其艰难，因为他们早期领导企业取得成功的经验，很可能让他们相信自己的假设是完全正确的。

企业文化的行为层面来源于组织的文化假定，如果不调整文化假定，进行文化变革基本不可能成功。如依赖早期投资成功的企业家，很难真正下决心投资于企业的核心竞争力，早期的投资成功会严重影响他们的思维模式，并建立起很强的路径依赖。他们习惯了通过不断投资取得增长，对构建能力实现增长总显得不那么热衷。这些企业的文化往往投机性很强，这实际上来源于创始人对增长的假定。如果创始人不改变这种假定，企业的文化变革很难真正发生。

第二，调整人员结构与品质，强化人才决策的文化敏感性

许多管理者认为影响企业文化的最有效的手段就是人的决策和高潜人才的甄别。"什么样的人应该得到晋升？什么样的人应该得到最快的晋升？"对于这两个问题的回答，反映了企业文化的最本质的特征。甚至有管理者讲，看一个企业的文化，不要看他们墙壁上宣传的标语，最好的方法是看看组织中晋升最快的10个人，看他们有什么共同的特点，这才是真实的企业文化。

企业须强化人才决策的文化敏感性，尤其要意识到高潜人才的甄别和培养对企业文化的巨大影响力。不管我们承认与否，用人决策实际上向企业成员宣示了组织的核心文化价值观选择，向内部表明什么样的行为在组织中会受到鼓励，而什么样的行为不会受到鼓励，组织中的成员就会按照组织的选择采取对自己有利的行动。同时选择的成员，也会影响身边更多的人，强化这种文化特征。

企业文化本质是由组织现有人的品质和晋升决定的，组织倾向于选择喜欢与自己相似的人，这样的人晋升上去以后又会强化这种文化特征。从根本上讲，企业要进行文化变革，不调整人的结构，是不可能成功的。调整人员结构是文化建设不可回避的手段和措施，也最具有效性。组织在变革文化时应打破常规，破格提拔与现有文化不相似的人，否则文化变革目标基本会落空。

要想改变一家企业的核心文化理念，就必须摆脱那些原有文化理念的拥护者。原有企业文化的破坏和新文化的建设是一个残忍和痛苦的过程。组织在必要的时候，必须从外部引导新的领导者，识别和启用变革型的领导。这些变革型领导应该值得信赖，指明企业发展的新方向、新价值理念和新发展愿景，具有流程顾问的能力，承担变革实施过程各个阶段的诊断与干预。

第三，有意识地塑造标志性的文化事件

在企业文化建设中，通过标志性的事件来强化和树立正确的文化，是文化建设的重要手段。高超的管理者通常具有较高的文化敏感性，总是善于抓住和创造一切机会，通过创造影响性的事件，向组织内部传达强烈的文化变革要求。

1985年，张瑞敏刚到海尔（时称青岛电冰箱总厂）。一天，一位朋友要买一台冰箱，结果挑了很多台都有毛病，最后勉强拉走一台。朋友走后，张瑞敏派人把库房里的400多台冰箱全部检查了一遍，发现共有76台存在各种各样的缺陷。张瑞敏把职工们叫到车间，问大家怎么办？多数人提出，也不影响使用，便宜点儿处理给职工算了。当时一台冰箱的价格800多元，相当于一名职工两年的收入。张瑞敏说："我要是允许把这76台冰箱卖了，就等于允许你们明天再生产760台这样的冰箱。"他宣布，这些冰箱要全部砸掉，谁干的谁来砸，并抡起大锤亲手砸了第一锤！很多职工砸冰箱时流下了眼泪。然后，张瑞敏告诉大家：有缺陷的产品就是废品。三年以后，海尔人捧回了中国冰箱行业的第一块国家质量金奖的奖杯。

海尔的砸冰箱事件是一次重要的质量文化事件，这次事件给全体员工树立了强烈的质量意识。企业在文化推进过程中，要有意识地识别这样的关键时刻，有意识地创造这样的关键事件。这样的关键事件是促进文化变革的最有效的手段。举个不太恰当的例子：你如果说自己不收礼物，即使天天讲，员工也不会相信。如果有一天，你把他人送的礼物扔到楼下或走廊里，所有的人就会确信不疑。

第四，调整奖励与惩罚方式

企业要进行文化变革，必须用好奖罚这个手段，通过调整绩效考核标准来传导哪些目标对组织而言是具有优先性的。用好奖惩这个手段关键要注意以下三点：一是标准必须清晰，这是使用奖惩手段的前提和基础；二是必须克服压力对人际进行评价，采用强制分布等措施确保区别度，确保每个人工作有评价；三是必须兑现奖罚，哪怕遇到外界的压力和各种干扰，哪怕带来一时的损失，也要兑现奖惩诺言，因为一次失信或退缩会让长期的努力付之东流。

第五，通过社群活动强化组织文化

领导需要创造灵活的文化气氛，给予员工充分的空间和授权，激发员工的参与感。如果团队领导只是简单地告诉团队为了达成目标应该如何做，他们只会领会你所说的一小部分；但是如果他们每次都能够告诉你，为了达到关键目标他们将怎样做，团队就能获得最好的执行力。

最有创造力和成效的工作来自员工之间的相互承诺，而不是老板告诉下属该做什么。来自同事们的问责，往往比来自老板的问责更能激发人们对工作的责任感。所以工作汇报这样的机会，每个人不只是向团队领导者汇报，也是在向其他人汇报——我是否做到了向大家所承诺的事情。如果团队成员能够信守自己的承诺，那么他的表现可以得"100分"；如果团队成员不但自己信守承诺，还能帮助别人信守承诺的话，他的表现就是"120分"。

组织要通过网络、各种社群活动、内部会议创造这样的气氛。价值观是社群文化的体现，更是社群的灵魂，拥有共同的价值观是凝聚社群成员最根本的保障。一旦个体通过社群文化将自己归属到社群这个集体后，当他看到个体的行动成为集体行动效能的重要元素时，就会反过来强化个体的社群意识，从而更加强烈地依据群体规范行动。

任何资源都是会枯竭的，唯有文化才能生生不息。有意识地建立社群活动，把成员融入社群，可以实现文化和价值观在组织中生生不息地即刻传播，这对于建立正向的企业文化非常重要。

例行会议，如晨会、夕会、月度会、季度会和年度庆祝大会是非常重要的社群活动方式，通过这些会议可以激发组织的奋斗文化，激发组织的自豪感和上进心。这些会议应该被认真设计，富有创意并固定下来，成为公司的重要社群活动，并成为企业文化的一部分。

第六，文化有形化

企业文化的有形化是企业文化建设的基础。企业文化有形化的措施主要有三项核心内容。

明确内容：对企业文化的内涵做出澄清，识别相应的正向行为和负向行为标准，明确企业文化的冲突情境以及组织期望的行为模式。其中明确冲突情境是重点，要让员工充分明白价值观不仅是正确的事情，更重要的是在冲突情境和利害关系下的优先选择。

制订与实施物质化内容框架：包括着装规范、标语、流程、制度、交流方式等方面。如某互联网为推动平等交流文化，提倡穿休闲服装，定期举办酒会，推行"无总"称谓和花名等。

对流程和制订进行修正：对照文化和价值观要求，针对企业的流程和制度进行评估，从流程的外部结果和内隐假设两个方面进行，即这个流程导致的外部结果是否能满足企业文化的要求？流程的假设是否反映了我们的核心价值观和对企业人性的看法？比如，在华为，加班员工加班后加餐要经过审批，任正非听说以后要求把审批流程废掉，说要相信员工不会贪便宜。原来这个流程的基本假定是X理论，员工是贪婪的和不可相信的。

第七，庆祝成功

庆祝成功是文化建设的重要方法，成功时刻的仪式感会给予某种文化以强烈的暗示。庆祝成功对于组织追求长远目标、对于让员工保持精力充沛而不倦怠，是起着至关重要的作用的。好的成功庆典是一次成功的加油。

一次重大的文化变革，往往是从文化假定的反思开始，综合运用了各种有效的文化建设和变革手段。

IBM是IT领域的知名国际巨头公司，曾经因为企业文化不适应而衰败过，又通过文化变革而重生。IBM在20世纪90年代的变革经历是可以写进教科书的经典案例。

当郭士纳刚接手IBM的时候，IBM已经病入膏肓。由于提倡尊重员工的文化和不解雇政策，让人忘记自己的立场，即使某个人做得很差，人们出于尊重仍然会说："非常感谢，我们知道你已经尽力了。"服务顾客的理念早已被淡忘了，而变成了IBM以自我为中心的市场理念。IBM的销售足不出户，他们的工作不过是在公司给客户打电话，询问客户的预算，并下订单。当时流传一句话，要使IBM的员工有所行动，就像在沼泽地跋涉一样艰难。

郭士纳谈到，"当我来到IBM的时候，每隔4~5年，才有新的主机产品发布。于是，我可以理解20世纪90年代初期在IBM流传的这样一句笑话：产品都不是在IBM被发布出来的，而是好不容易才从IBM

逃离出来的。"郭士纳在1993年接任IBM公司的CEO时，这个巨大的公司已成为一头步履蹒跚的大象。

郭士纳充分认识到了企业文化对企业发展的重要意义，认识充斥着官僚文化的IBM如不进行文化变革，很难重新走向成功。郭士纳为IBM确立了适应转型时期特点的核心价值观：赢（win）、团队（team）、执行（execute）这三个关键词，简单直接，易于理解，就像冲锋的号令，迅速传遍了全公司。

但要扭转一种已经形成的文化，绝非易事。在领导IBM战略转型、文化转型的过程中，郭士纳推动了以下重要的变革。

一是管理者带头，以客户为导向。

在上任的第一个月内，郭士纳要求50名直接向他汇报工作的高管，在未来的3个月内，每个人至少要拜访公司5家最大的客户中的一个。他们的直接下属，大约有200名高级经理，也至少要拜访一家重要客户。不仅如此，每一次拜访活动之后，高管们都要递交一份1~2页纸的报告给郭士纳，提出IBM在这个客户经营方面存在的问题，以及改进的计划。通过这件事，郭士纳与高管们一同感受客户的温度，快速地向内部传达了客户导向的新文化要求，同时也让客户感受到IBM的温暖，改善了IBM的外部形象。

二是变革终身雇佣制度，激活组织活性。

郭士纳通过打破自IBM成立以来就执行的终身雇佣制度，实行优胜劣汰，促使IBM的企业用人制度发生了重大变化。人才流动成了企业的文化变革手段，同时吸纳不断创新进取的优秀人才。留住优秀的人才，快速提拔符合新的文化价值观要求的年轻人，从而引起了企业内部的震动，大家意识到"混"已经不行了。

三是废除固定着装制度，倡导创新文化。

为了向内部传达创新和变革的决心,郭士纳废除了一直以来的固定着装制度,从形式上向保守企业文化发起挑战,着力营造一种创新导向的企业文化的象征。废除固定着装制度这样的象征性行为,清楚地向IBM员工展示了公司将要塑造的精神文化,即不拘一格、灵活适应、不断创新。

四是实行有秩序授权与分权,提升业务自主性。

郭士纳根据新的领导体制和地区子公司的改组情况,分层次有秩序地扩大授权范围和推进分级管理,如给一线的团队以较大的自主权,使它能根据市场需要主动地发展风险事业,对新组建的事业部门采取分散化管理原则,让他们在开发、生产和销售等方面具有更大的经营自主权,甚至对亚太集团的战略核心"日本IBM"在组织上和经营上给予完全自主权。大量企业文化的实践证明,内部流程的僵化,本身可以塑造不利的企业文化,并且影响文化变革,因此IBM通过授权,极大地提高下属单位的责任心和灵活性,对企业文化的改善效果极其明显。

五是改善支持系统,提高领导体制的适应性和能力。

在郭士纳时代,"赢、团队、执行"最终演变成IBM新的绩效管理系统。郭士纳要求对绩效考核体系进行变革,所有IBM的管理者和员工每年都要围绕这"赢、团队、执行"制订他们的PBC(个人业绩承诺),并承诺未来如何在这三个方面做出改善。IBM同时对销售系统的流程和制度也进行了改革,全面推进以客户为中心的销售流程。

经过采取一系列的措施,到1996年,IBM在紧迫感和执行力方面有了大幅度提高。通信网络承建商的总裁法兰克发现,当他在下午6点给IBM打电话时,IBM公司的员工们居然还在工作,员工还鼓励客户在晚上和周末给他们打电话，总之在客户任何方便的时间，他们准备随时响应客户的需求，这是多么不可思议的变化。IBM公司最终成功地实现了从保守僵化、内部视角的官僚文化到一种创新导向的、灵活适应的新企业文化的转变。

参考文献

[1]（加）亨利·明茨伯格.战略历程：穿越战略管理旷野的指南[M].魏江,译.北京：机械工业出版社,2012

[2]（美）马丁·里维斯,（挪）纳特·汉拿斯,（印）詹美贾亚·辛哈.战略的本质[M].王喆,韩阳,译.北京：中信出版社,2016

[3]（瑞士）亚历山大·奥斯特瓦德.商业模式新生代[M].黄涛,郁婧,译.北京：机械工业出版社,2016

[4]（美）迈克尔·波特.竞争战略[M].陈丽芳,译.北京：中信出版社,2014

[5]（美）丽塔·麦克格兰斯.瞬时竞争力[M].姚虹,译.四川：四川人民出版社,2018

[6]（美）理查德·鲁梅尔特.好战略坏战略[M].蒋宗强,译.北京：中信出版社,2012

[7]（美）辛西娅·蒙哥马利.重新定义战略[M].蒋宗强,王立鹏,译.北京：中信出版社,2016

[8]（日）三谷宏治.经营战略全史[M].徐航,译.江苏：江苏

文艺出版社，2016

[9]曾鸣.智能商业[M].北京：中信出版社，2018

[10]（加）约瑟夫·兰佩，亨利·明茨伯格，（美）詹姆斯·布赖恩·奎因，（印）苏曼特拉·戈沙尔.战略过程：概念、情境与案例[M].耿帅，黎根红等，译.北京：机械工业出版社，2017

[11]（加）亨利·明茨伯格.卓有成效的组织[M].魏青江，译.浙江：浙江教育出版社，2020

[12]（美）沃尔特·基希勒三世.战略简史：引领企业竞争的思想进化论[M].慎思行，译.北京：社会科学文献出版社，2018

[13]（美）道格拉斯·麦格雷戈，乔·卡彻·格尔圣菲尔德.企业的人性面[M].韩卉，译.浙江：浙江人民出版社，2017

[14]李骞.未来商业模式[M].北京：东方出版社，2015

[15]（美）弗雷德里克·赫茨伯格，伯纳德·莫斯纳·巴巴拉·斯奈德曼.赫茨伯格的双因素理论[M].张湛，译.北京：中国人民大学出版社，2016

[16]华为大学.熵减：华为活力之源[M].北京：中信出版社，2019

[17]（美）纳德尔·塔什曼，大卫·纳德尔.竞争性组织设计[M].孙春柳，译.北京：经济科学出版社，2004

[18]（美）迈克尔·古尔德，安德鲁·坎贝尔.公司层面战略[M].黄一义，谭晓青，冀书鹏，颜晓东，译.北京：人民邮电出版社，2004